なぜ？が分《わ》かる

マインクラフトで読《よ》む かがくのふしぎ

もくじ

生《い》きものの　ふしぎ

しぜんの ふしぎ

生活《せいかつ》の ふしぎ

空《そら》を　見上《みあ》げて　いて、ふと「どうして　空《そら》は　青《あお》いの？」と　思《おも》った　ことは　ありませんか？　この本《ほん》では、そのような　みなさんのまわりに　ある「なぜ？」の　りゆうを　いっしょに　考《かんが》えます。知《し》らなかった　おどろきに出会《であ》い、まわりの　せかいが　もっと　おもしろく　かんじるでしょう。

さあ、スティーブと　アレックスたちといっしょに　かがくの　ふしぎを　さがすたびに　出《で》かけましょう！

生《い》きものの　ふしぎ

魚《さかな》は　どうやって　水《みず》の　中《なか》で　いきを　するの？

つかまえるぞ！　ぶく　ぶく…　いきが　つづかない…
魚《さかな》は　ずっと　水《みず》の　中《なか》に　いて　いきぐるしく　ないのかな？

プールで　およぐとき、水《みず》の　中《なか》に　ずっと　もぐって　いると　いきが　くるしく　なるでしょう。そのときは、水《みず》から　出《で》て　空気《くうき》を　すいますね。では、魚《さかな》は　どうして　水《みず》の　中《なか》で　くるしく　ならないのでしょう。どうやって　こきゅうを　して　いるのでしょうか。

魚《さかな》は「えら」と　いう　とくべつな　体《からだ》の　部分《ぶぶん》を　つかって、水《みず》の　中《なか》でも　こきゅうが　できるのです。だから、くるしく　ならずに　水《みず》の　中《なか》で　すごせるんですね。

●人間《にんげん》の　こきゅうの　しくみ

①　口《くち》や　はなで
空気《くうき》を　すいこむ

②　空気《くうき》を　はき出《だ》す

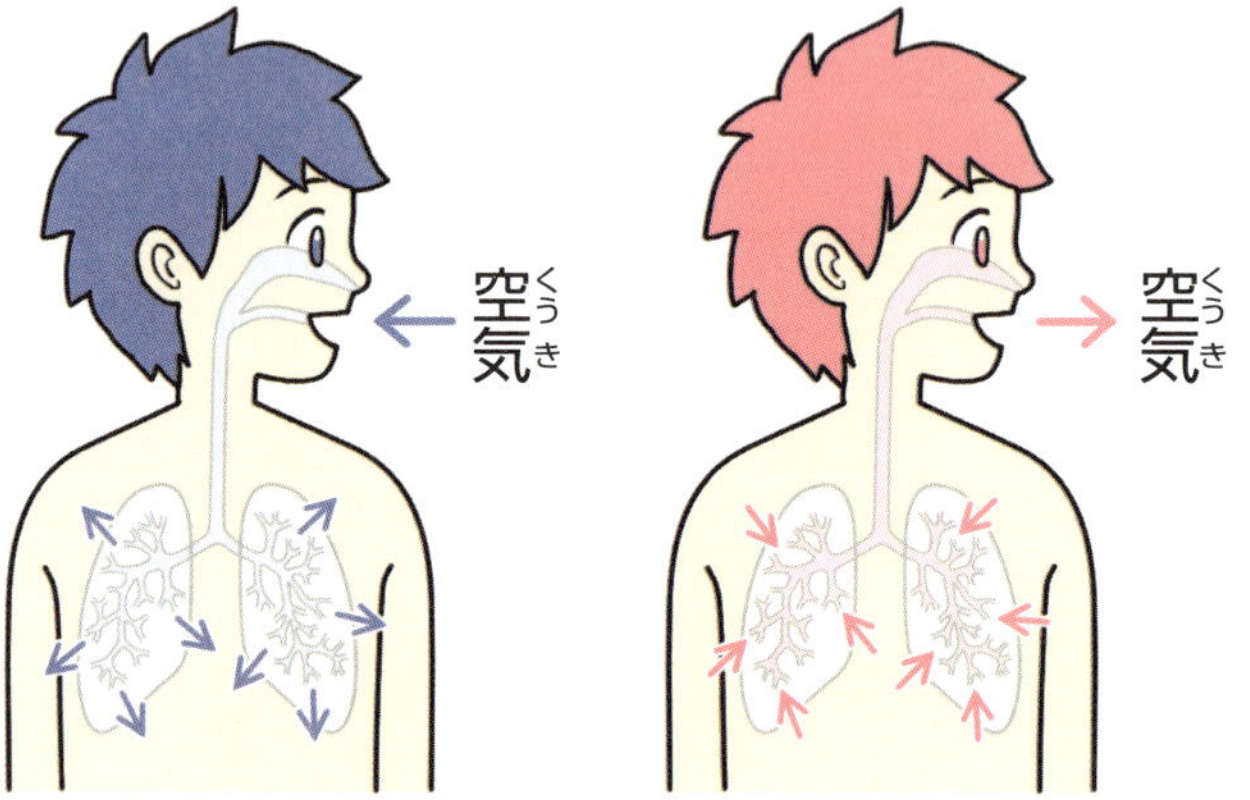

●魚《さかな》の　こきゅうの　しくみ

①　口《くち》から　水《みず》を
すいこむ

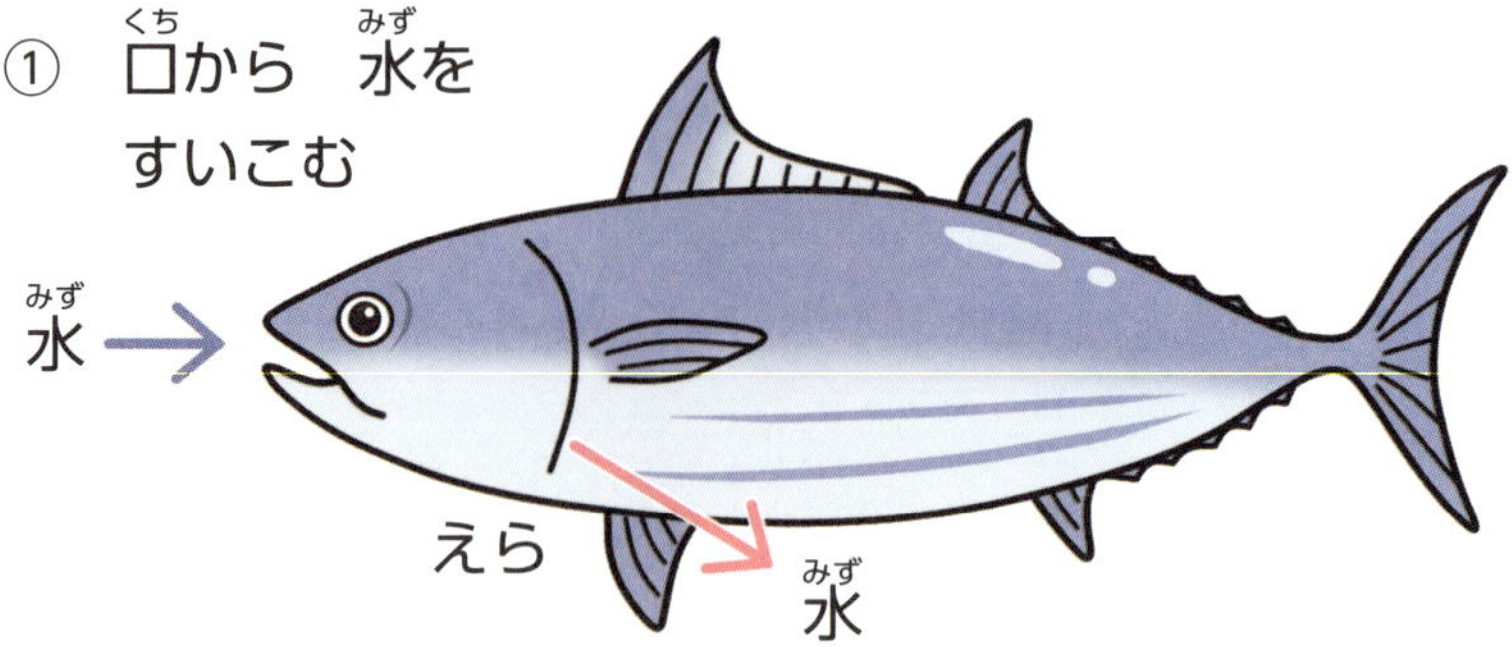

②　えらから　水《みず》を　はき出《だ》す

イルカも　魚《さかな》？

イルカは　魚《さかな》では　なく、人間《にんげん》と同《おな》じ　どうぶつの　なかまです。イルカには　えらが　ありません。人間《にんげん》と　同《おな》じように　空気《くうき》で　こきゅうを　して　います。イルカの　はなは　頭《あたま》の　上《うえ》に　あり、水《みず》の　上《うえ》に　出《で》て、こきゅうを　します。

クジラも　人間《にんげん》と
同《おな》じ　どうぶつの
なかまなんだ！

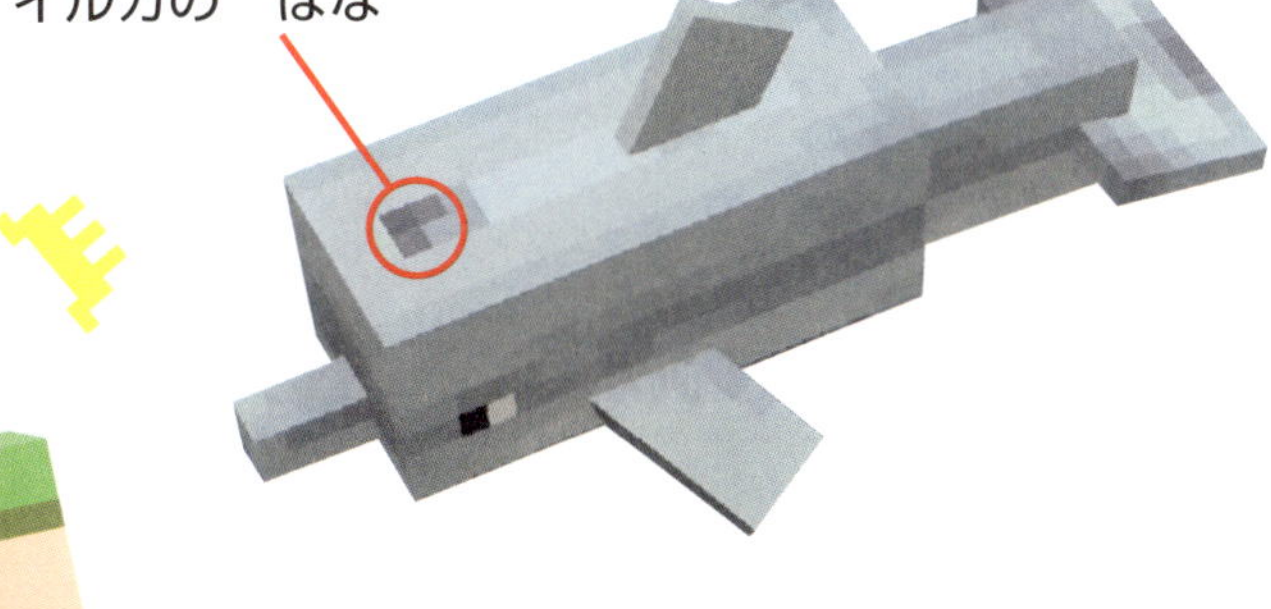
イルカの　はな

どうして　ウサギの　耳《みみ》は　長《なが》いの？

あっ！　また　にげられた！
ウサギって　すばしっこいなあ…　耳《みみ》が　長《なが》いのが　かんけいが　あるのかな？

しぜんの　中《なか》で　くらして　いるウサギは、キツネや　イタチなど多《おお》くの　てきに　ねらわれて　います。そこで　ウサギの　長《なが》い　耳《みみ》は　うけざらのような　形《かたち》を　していて、小《ちい》さな　音《おと》でも　聞《き》きやすくなっています。だから、てきが　おそってきたら、すばしっこく　にげることが　できるのです。

耳《みみ》に　手《て》をあてると　よく聞《き》こえるのと同《おな》じだね！
そろり…
ガサッ
遠《とお》くの　音《おと》も聞《き》こえるよ！

ウサギの　耳《みみ》には、もうひとつ　大切《たいせつ》な　やくわりが　あります。それは、体《からだ》の　おん度《ど》を　ちょうせつする　やくわりです。耳《みみ》を　立《た》てたり　たたんだりして、体《からだ》の　ねつを　にがしたり、たもったりして　います。

●ねつを　にがす

耳《みみ》を　ピンと
立《た》てる

●ねつが　にげるのを
ふせぐ

耳《みみ》を　たたむ
ように　して
体《からだ》に　近《ちか》づける

タンポポは　どうやって　なかまを　ふやすの？

タンポポの　花《はな》　きれいだね！
そうだね！　きょねんより　たくさんに　なった　気《き》がするけど、　どうやって　ふえたのかな？

春《はる》に　なると、タンポポは　黄色《きいろ》い　花《はな》を　さかせます。花《はな》が　しぼむと、ふわふわの　わた毛《げ》が　出《で》てきます。この　わた毛《げ》の　ひとつ　ひとつに、小《ちい》さな　たねが　ついています。

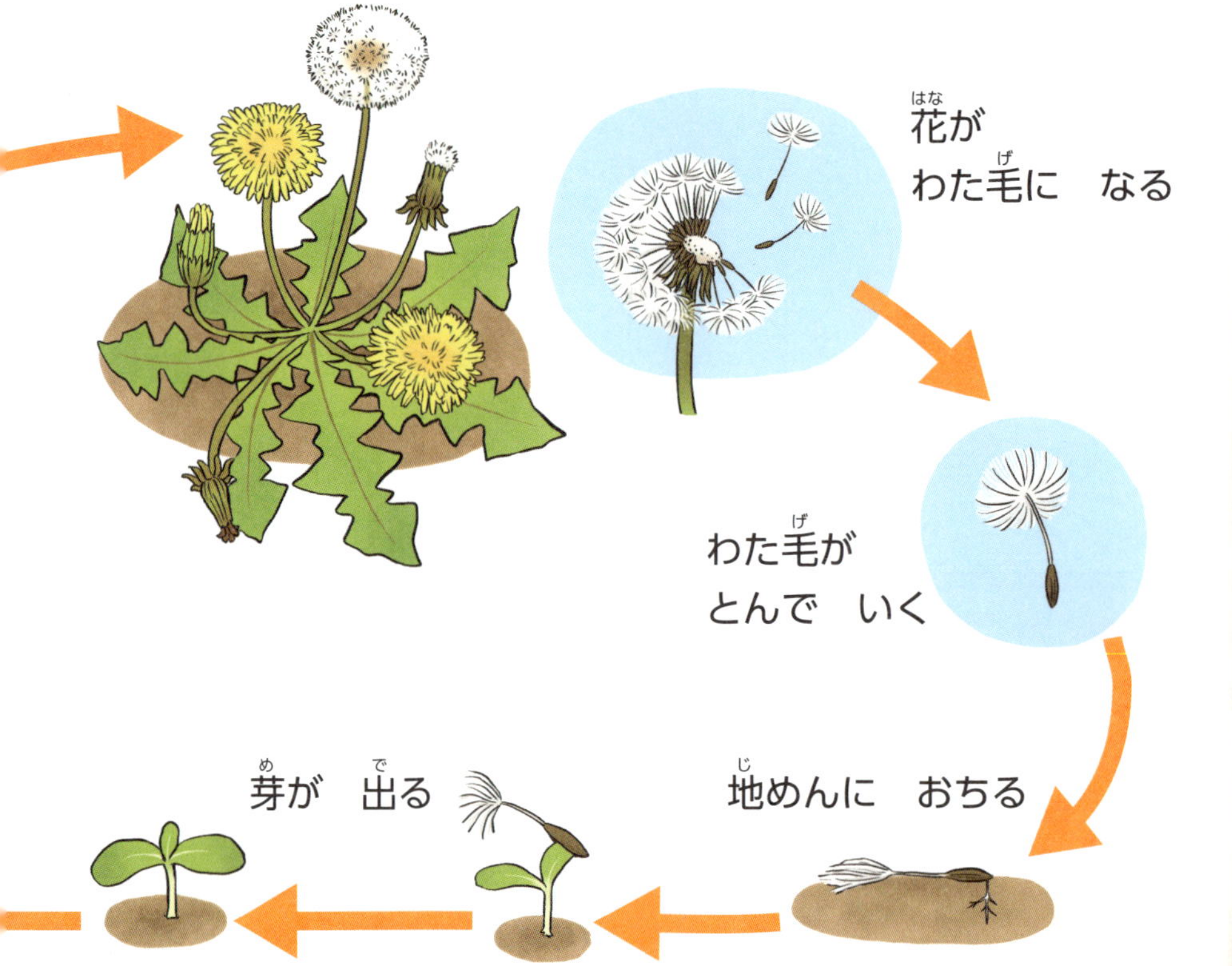
花《はな》が
わた毛《げ》に　なる
わた毛《げ》が
とんで　いく
地《じ》めんに　おちる
芽《め》が　出《で》る

風《かぜ》が ふくと、わた毛《げ》は ふわふわと 空《そら》に とび、たねは ちがう 場《ば》しょに はこばれて いきます。

風《かぜ》に のって とんで いった たねは、ちがう 場《ば》しょに おちると、地《じ》めんに ねを のばします。

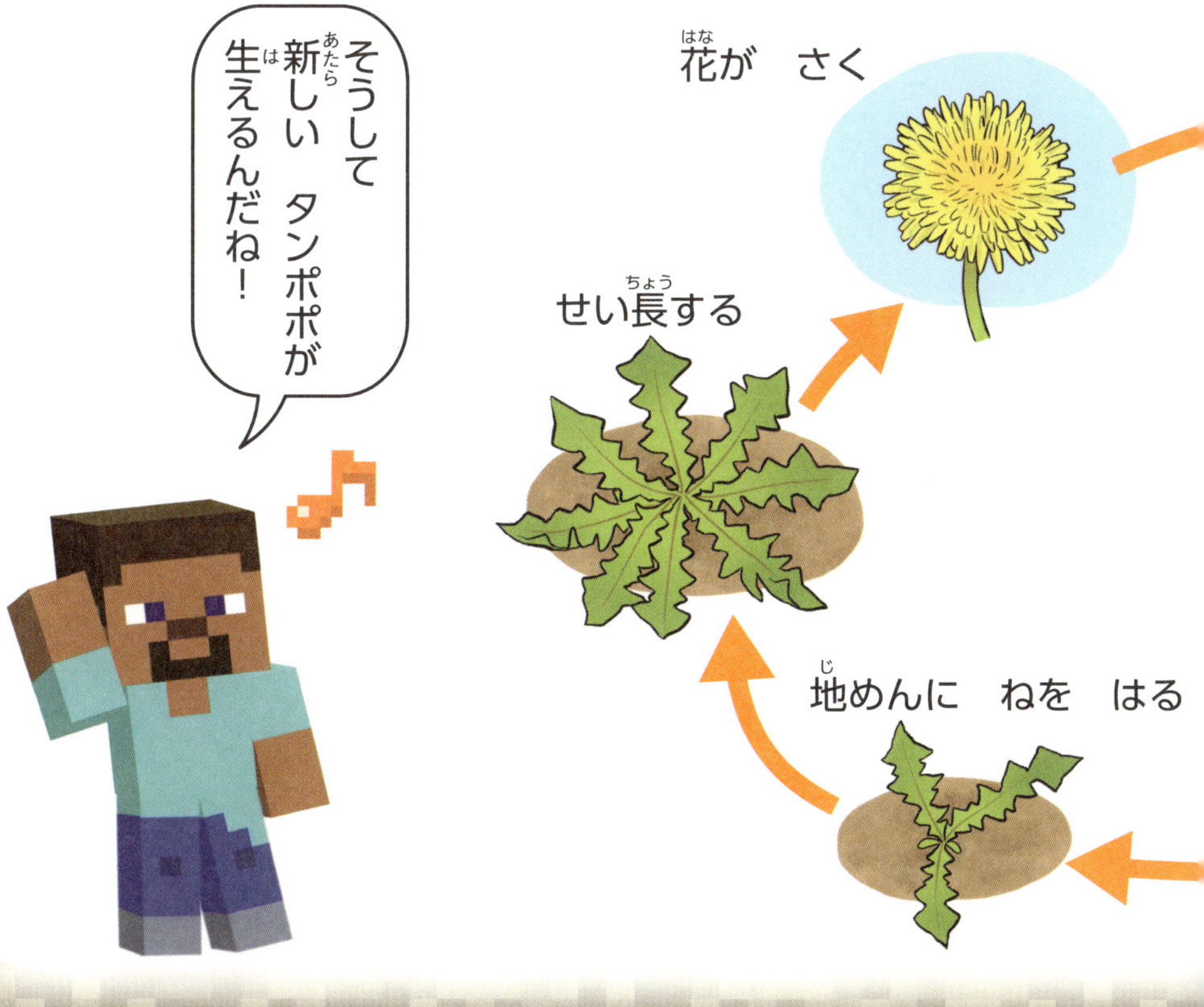
そうして 新《あたら》しい タンポポが 生《は》えるんだね！
花《はな》が　さく
せい長《ちょう》する
地《じ》めんに　ねを　はる

サボテンは　どうやって　さばくで　生《い》きて　いるの？

しくしく…
大切《たいせつ》に　そだてて　いた　花《はな》が
かれて　しまったよ…
水《みず》やりを　して　なかったけど

大切《たいせつ》に　そだてて
ないじゃん！
ところで、サボテンって
どうやって　さばくで
生《い》きて　いるのかな？
水《みず》が　少《すく》なそうだけど…

サボテンは、おもに　さばくに　生《は》えています。さばくは、雨《あめ》が　少《すく》なく、とても　かわいた　場《ば》しょで、しょくぶつが　そだつのに　ひつような　水《みず》が　ほとんど　ありません。そのため、さばくで　くらす　ことは　しょくぶつにとって　たいへんな　ことです。

では、サボテンは　どうして　さばくで　くらす　ことが　できるのでしょうか。それは、水《みず》が　少《すく》なくても　生《い》きて　いける　とくべつな　体《からだ》の　しくみを　もって　いるからです。

ハスク

●サボテンの　とくべつな　体《からだ》の　しくみ

●やわらかい　体《からだ》

雨《あめ》が　ふった　ときに　たくさんの　水《みず》を　体《からだ》に　ためる　ことが　できるよ。

●とげとげの　はっぱ

トゲの　正体《しょうたい》は　はっぱ。とげとげに　する　ことで、水《みず》が　体《からだ》から　きえていく　のを　ふせいで　いるよ。

●長《なが》い　ねっこ

サボテンの　ねは　とても　長《なが》く　のびて　いて、はるか　遠《とお》くの　地《じ》めんの　下《した》から　水《みず》を　さがして　すい上《あ》げる　ことが　できるよ。

サボテンは、きびしい　かんきょうでも　たくましく　生《い》きて　いるんだね

キノコには　どんな しゅるいが　あるの？

やった！　大《おお》きな　キノコだ！　おいしそう！
ちょ、ちょっと　まって！　どくキノコ　かもしれないよ！

キノコには、 いろいろな しゅるいが あります。
キノコは 草《くさ》や 木《き》と ちがって、 きんるいと いう
なかまです。 しめった 場《ば》しょが すきで、 森《もり》や
山《やま》などの 地《じ》めんや 木《き》に 生《は》えて います。

しゅるい

シイタケ

【生《は》える 場《ば》しょ】
・木《き》の みきや
きりかぶ
【とくちょう】
・かおりが よい

マツタケ

【生《は》える 場《ば》しょ】
・マツの 木《き》の
ねもと
【とくちょう】
・ねだんが 高《たか》い

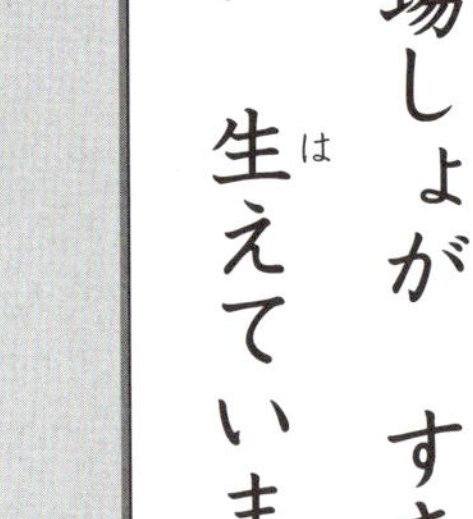

ムーシュルーム

さまざまな　キノコの

マッシュルーム

【生《は》える　場《ば》しょ】
・たいひ（こやし）
【とくちょう】
・多《おお》くの　国《くに》で
食《た》べられている

シメジ

【生《は》える　場《ば》しょ】
・かれた　ブナの
木《き》
【とくちょう】
・はごたえが
よい

ツキヨタケ

【生《は》える　場《ば》しょ】
・木《き》に　生《は》える
【とくちょう】
・どくが　ある
・くらい　場《ば》しょ
で　光《ひか》る

ベニテングダケ

【生《は》える　場《ば》しょ】
・森《もり》の　中《なか》
【とくちょう】
・どくが　ある

どうして ニワトリは 空《そら》を とべないの？

ニワトリ、 たくさんに なったね！ さくで かこったから にげられる こと ないよ
そっか、 ニワトリは 空《そら》を とべないんだね！

むかし、ニワトリの　ごせんぞたちは、今《いま》より　もう少《すこ》しだけ　とぶ　ことが　できました。人間《にんげん》が　ニワトリを　かうように　なって、たまごを　たくさん　うんで　もらう　ために、えさを　あげるように　なりました。すると、ニワトリの　体《からだ》は　だんだん　大《おお》きく　おもたく　なって　しまい、空《そら》を　とぶのが　むずかしく　なったのです。

また、人間《にんげん》が　いつも　そばで　まもって　くれるので、てきから　にげるために　とぶ　ひつようが　なくなりました。

だから、ニワトリは　だんだん　とぶ　れんしゅうを　しなくなり、空《そら》を　とぶ　ことが　できなくなったのです。

●ニワトリが　とべなく　なるまで

セキショクヤケイ
（ニワトリの　ごせんぞ）

タイや　インドなどで
野生《やせい》で　くらす

キリッ

てきから　にげる
ために　とぶ

人間《にんげん》に
かわれるように
なって…

ニワトリ

人間《にんげん》に　まもってもらえ、
食《た》べものを　もらえる

ぽてっ

大《おお》きく　おもたく
なり　とべない

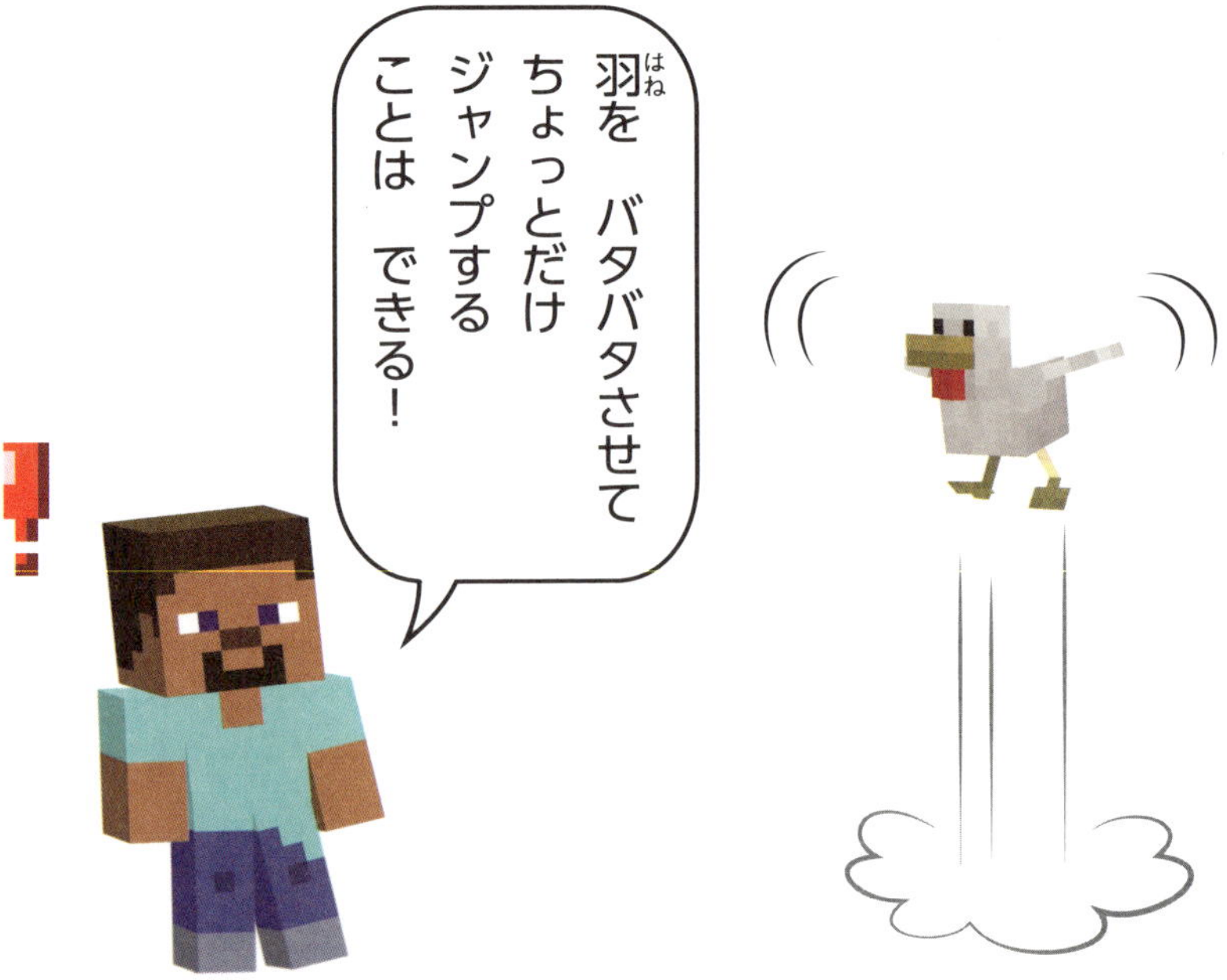
羽《はね》を　バタバタさせて
ちょっとだけ
ジャンプする
ことは　できる！

サクラは　どうして　春《はる》に　花《はな》が　さくの？

サクラ　きれいだね！　ちゃんと　春《はる》に　さくなんて　サクラは　えらいねえ
そうだね！　でも、どうして　春《はる》の　来《き》たことが　分《わ》かるんだろう？

サクラの　花《はな》は、春《はる》になると　いっせいに　さきますね。どうして　春《はる》の　来《き》た　ことが　分《わ》かるのでしょうか。

サクラの　木《き》は、花《はな》が　ちると　すぐに　つぎの　年《とし》の　花《はな》を　さかせる　じゅんびを　はじめます。夏《なつ》ごろに　なると、小《ちい》さな　芽《め》が　できます。この芽《め》は、秋《あき》には　いつでも　花《はな》を　さかせられる　じゅんびが　ととのうのです。でも、冬《ふゆ》の　間《あいだ》は　さむさが　つづくので、芽《め》は　ねむったまま　春《はる》を　まって　います。

芽《め》が　ねむって　いる　間《あいだ》、サクラの　木《き》は　冬《ふゆ》の　さむさを　たっぷり　うける　ことで、「春《はる》が　近《ちか》づいたら　花《はな》をさかせよう」という　じゅんびをします。

そして、冬《ふゆ》が　すぎて　あたたかい　日《ひ》が　つづくと、「もう　春《はる》だ！」と　かんじて、芽《め》が　ふくらみはじめ、きれいな花《はな》を　さかせるのです。

●サクラの　花《はな》が　さく　しくみ

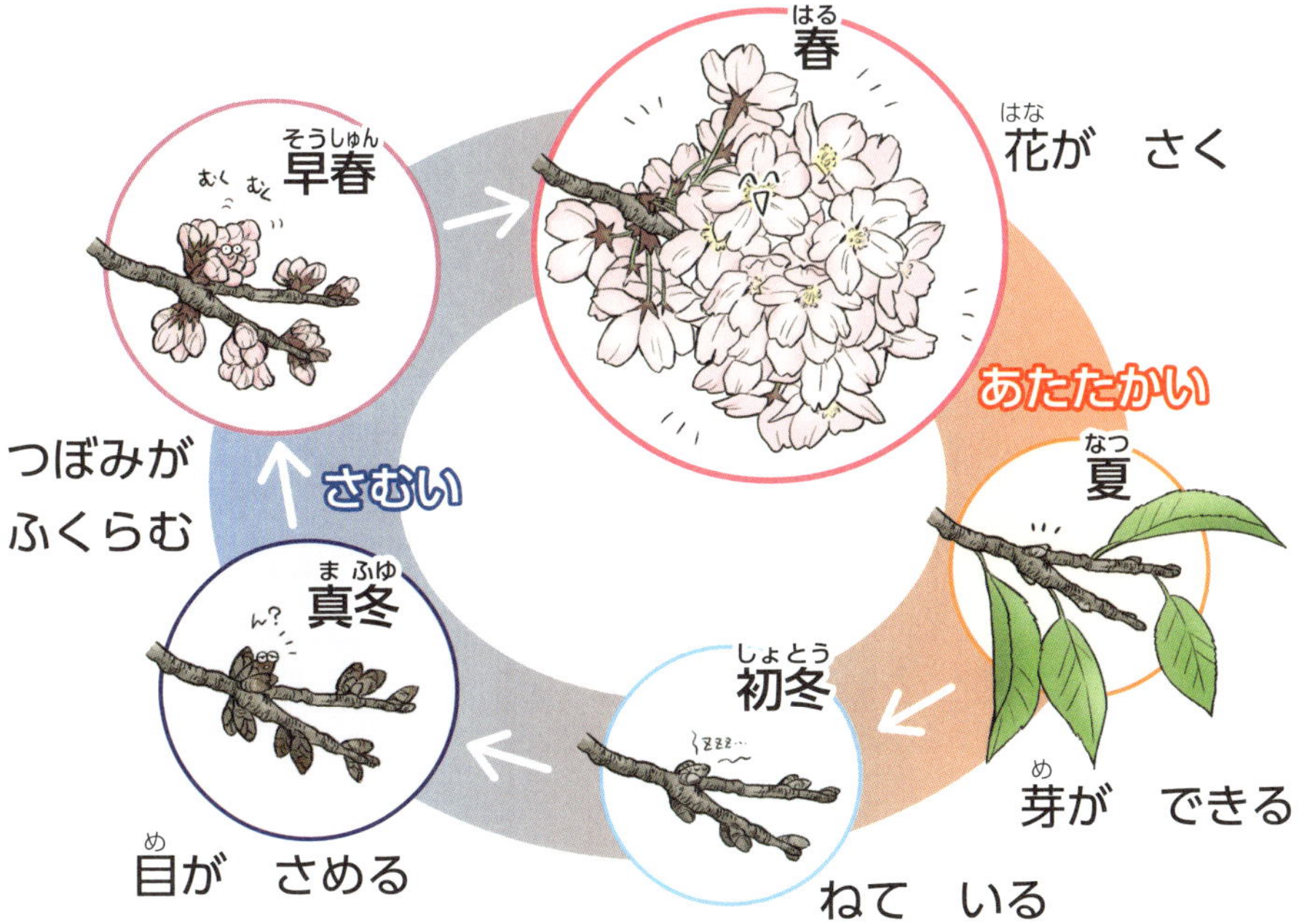
春《はる》
花《はな》が　さく
あたたかい
夏《なつ》
芽《め》が　できる
初冬《しょとう》
ねて　いる
真冬《まふゆ》
目《め》が　さめる
さむい
早春《そうしゅん》
つぼみが　ふくらむ
むく　むく
ん？
zzz…

サクラは 南《みなみ》から 北《きた》へ さいて いく？

サクラの 花《はな》は、日本《にほん》の 南《みなみ》から 北《きた》へと じゅんに さいて いきます。これを「桜前線《さくらぜんせん》」と いいます。

でも、さいきんでは 北《きた》から 南《みなみ》へ 広《ひろ》がって いく ことが たまに あります。花《はな》が さく ためには、冬《ふゆ》の さむさが 大切《たいせつ》な やくわりを して います。

冬《ふゆ》が　あたたかいと、芽《め》が　じゅうぶんに　さむさを　かんじられず、開花《かいか》が　おそくなるのです。南《みなみ》の　ほうの　地《ち》いきでも、冬《ふゆ》が　あたたかいと　北《きた》より　サクラが　さくのが　おそくなる　ことが　あるのです。

2024年《ねん》
サクラの　さいた日《ひ》

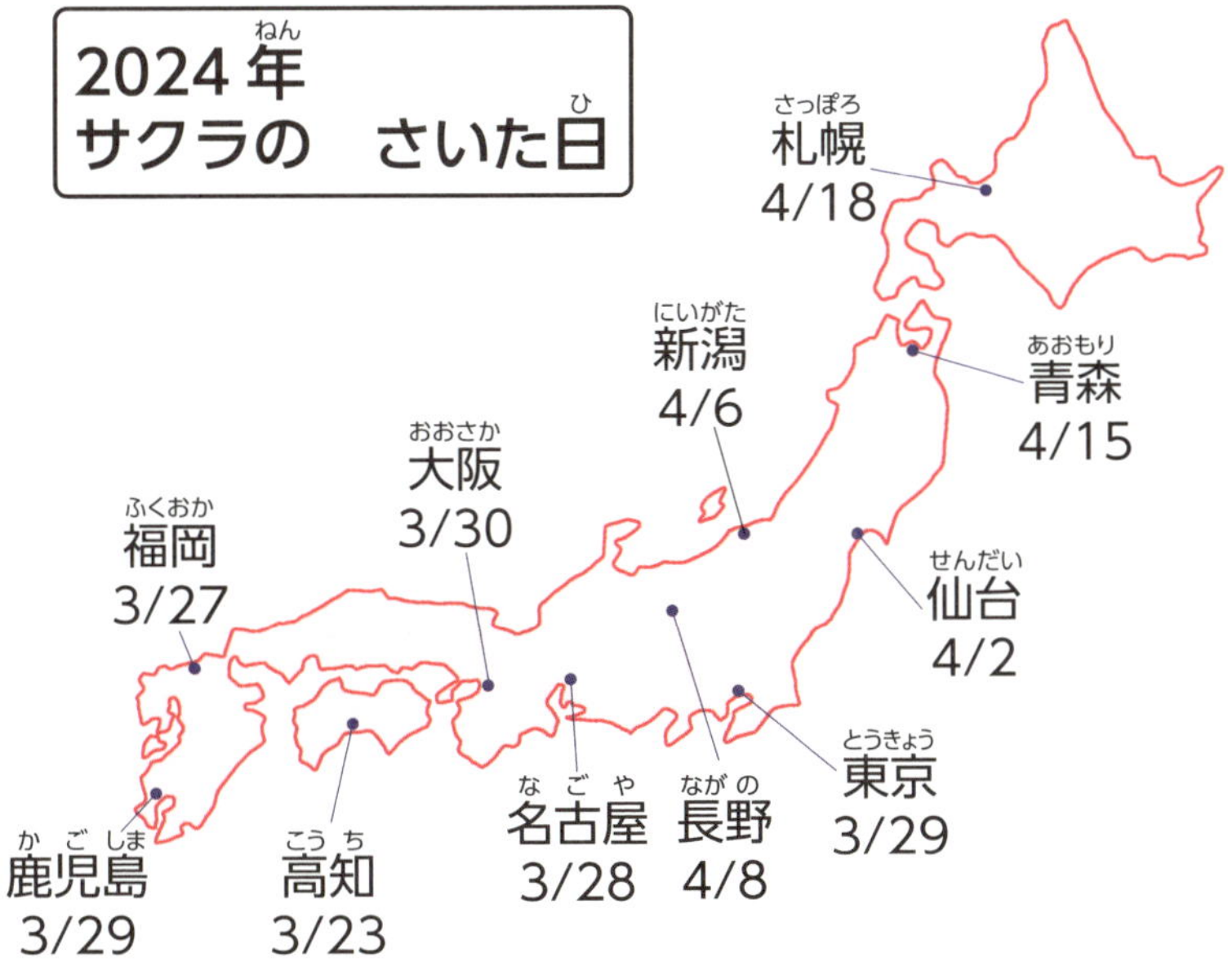
札幌《さっぽろ》
4/18
青森《あおもり》
4/15
新潟《にいがた》
4/6
仙台《せんだい》
4/2
大阪《おおさか》
3/30
福岡《ふくおか》
3/27
東京《とうきょう》
3/29
名古屋《なごや》
3/28
長野《ながの》
4/8
鹿児島《かごしま》
3/29
高知《こうち》
3/23

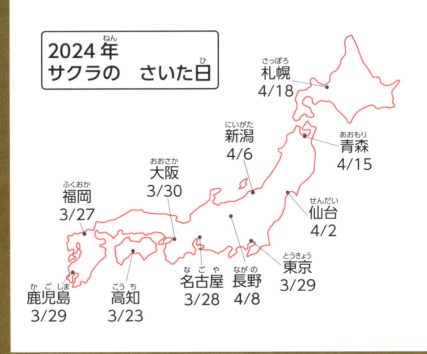

ネコの ひとみは なぜ 大《おお》きさが かわるの？

ネコは かわいいなあ
でも、きのうの 夜《よる》と 顔《かお》つきが ちがうような…

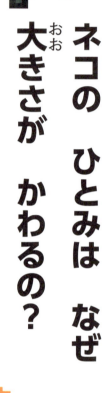

ネコの　ひとみ（目《め》の　黒《くろ》い　部分《ぶぶん》）は、まわりの　明《あか》るさに　よって、大《おお》きさが　かわります。

ひとみの　大《おお》きさを　かえる　ことで、ネコは　目《め》に　入《はい》る　光《ひかり》の　りょうを　ちょうせいして　いるのです。

ネコの　ひとみの
大《おお》きさは、気《き》もちに
よっても　かわる　こと
が　あるんだって！

●明《あか》るい　ところ

ひとみは　小《ちい》さく　なる。
光《ひかり》が　目《め》に　入《はい》りすぎない
ように　して　いるよ。

●目《め》の　つくり

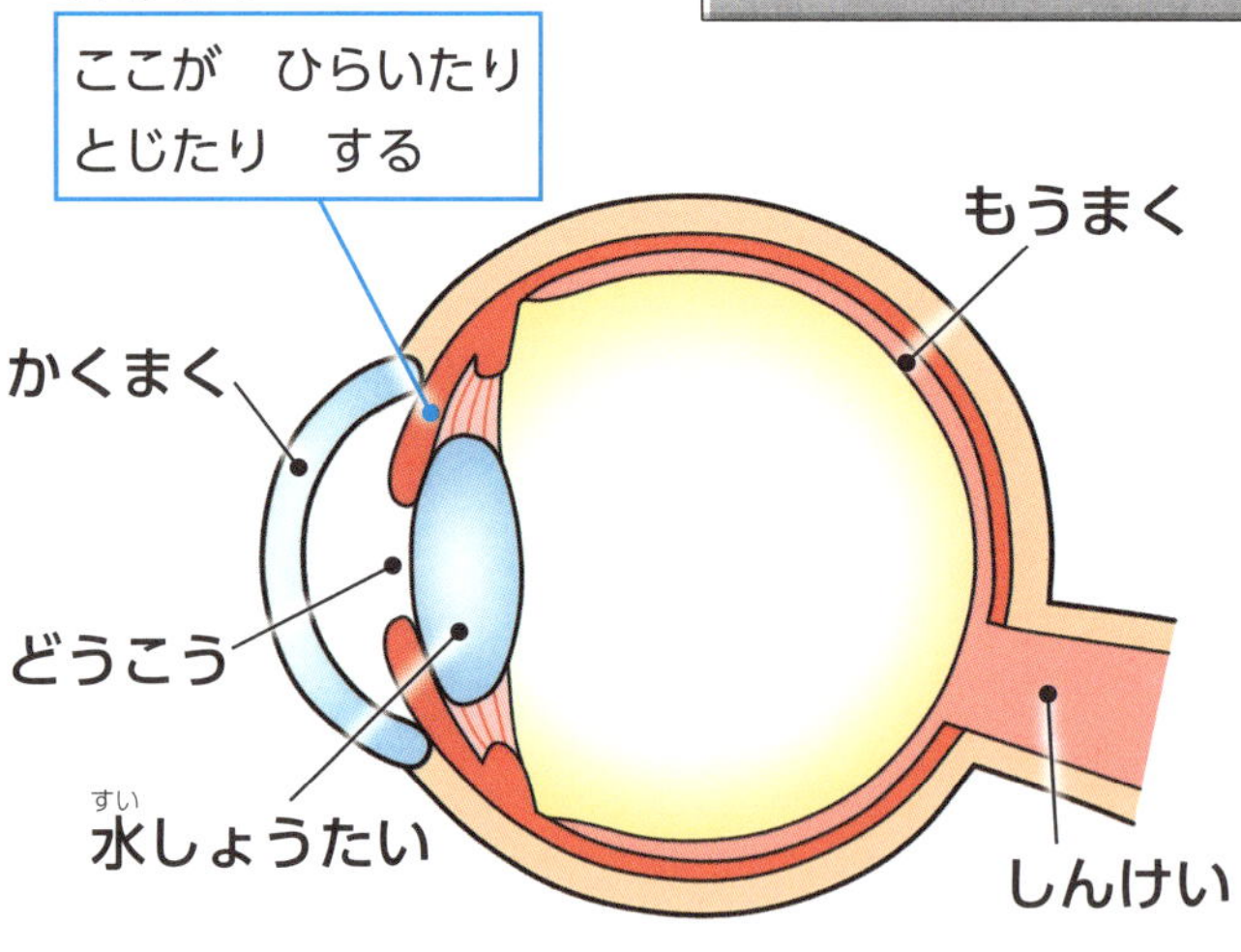
こうさい
ここが　ひらいたり
とじたり　する
もうまく
かくまく
どうこう
水《すい》しょうたい
しんけい

明《あか》るい　ところに　いる　ネコは、ひとみが「すじ」のような　形《かたち》に　なって　いるね！

●くらい　ところ

ひとみが　大《おお》きく　なる。
光《ひかり》を　たくさん　目《め》に　入《い》れて、
まわりを　よく　見《み》ようと　し
て　いるよ。

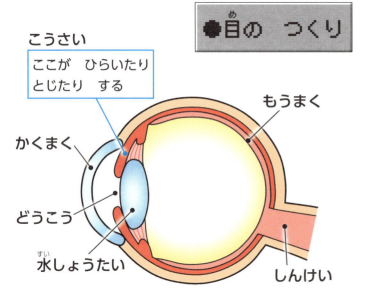

ネコは　目《め》が　よい？

ネコは、くらい　ところでも　よく　見《み》えて　います。はやい　うごきも　すばやく　キャッチします。しかし、遠《とお》くは　ぼんやりとしか　見《み》えません。ネコは　人間《にんげん》よりも　目《め》が　わるく、十《じゅう》メートル先《さき》の　ものを　かろうじて　見分《みわ》けられる　ほどです。また、ネコは　赤色《あかいろ》が　分《わ》かりません。ネコが　見《み》えるのは、青《あお》と　黄色《きいろ》だけだと　いわれて　います。

エンダーマン

しょくぶつは　どうやって　大《おお》きく　なるの？

サトウキビが　せい長《ちょう》したよ
しゅうかくしなきゃね！　でも、しょくぶつって　どうやって　大《おお》きくなる　んだろう？

しょくぶつは　人間《にんげん》のように　ごはんを　食《た》べなくても、自分《じぶん》で　大《おお》きく　なる　ための　エネルギーを　作《つく》る　ことが　できます。それは、「光合成《こうごうせい》」と　よばれる　とくべつな　しくみです。しょくぶつは、太《たい》ようの　光《ひかり》を　あびて、はっぱで　エネルギーを　作《つく》ります。このとき、しょくぶつが　つかうのは、空気中《くうきちゅう》の　にさんかたんそと　ねから　すいとった　水《みず》です。この二《ふた》つを　太《たい》ようの　光《ひかり》の　力《ちから》で　あわせると、デンプンができます。

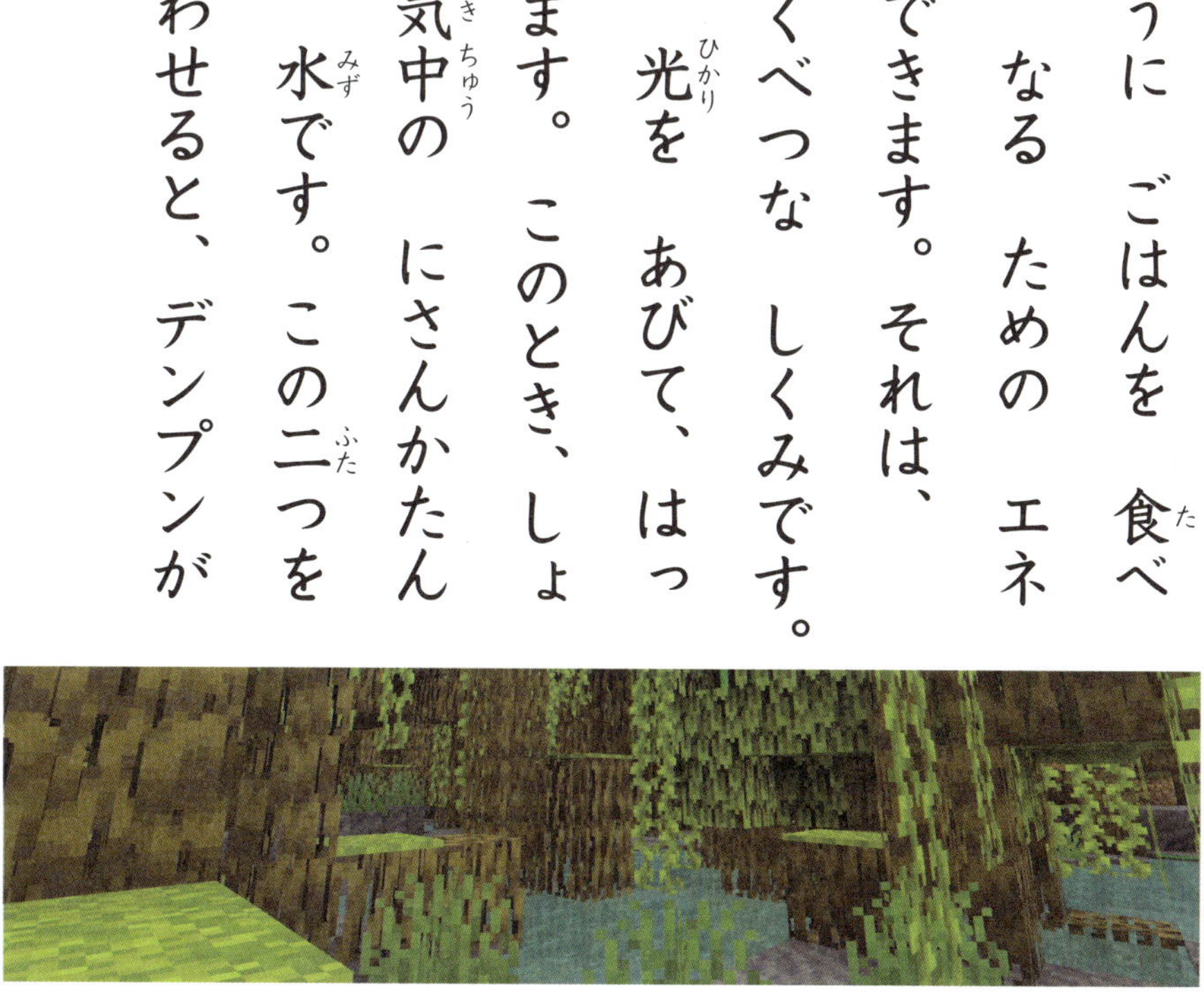

デンプンは、米《こめ》や小《こ》麦《むぎ》などにも ふくまれている えいようです。デンプンが しょくぶつの エネルギーに なります。しょくぶつに とっての ごはんの ような ものです。

●光合成《こうごうせい》の しくみ

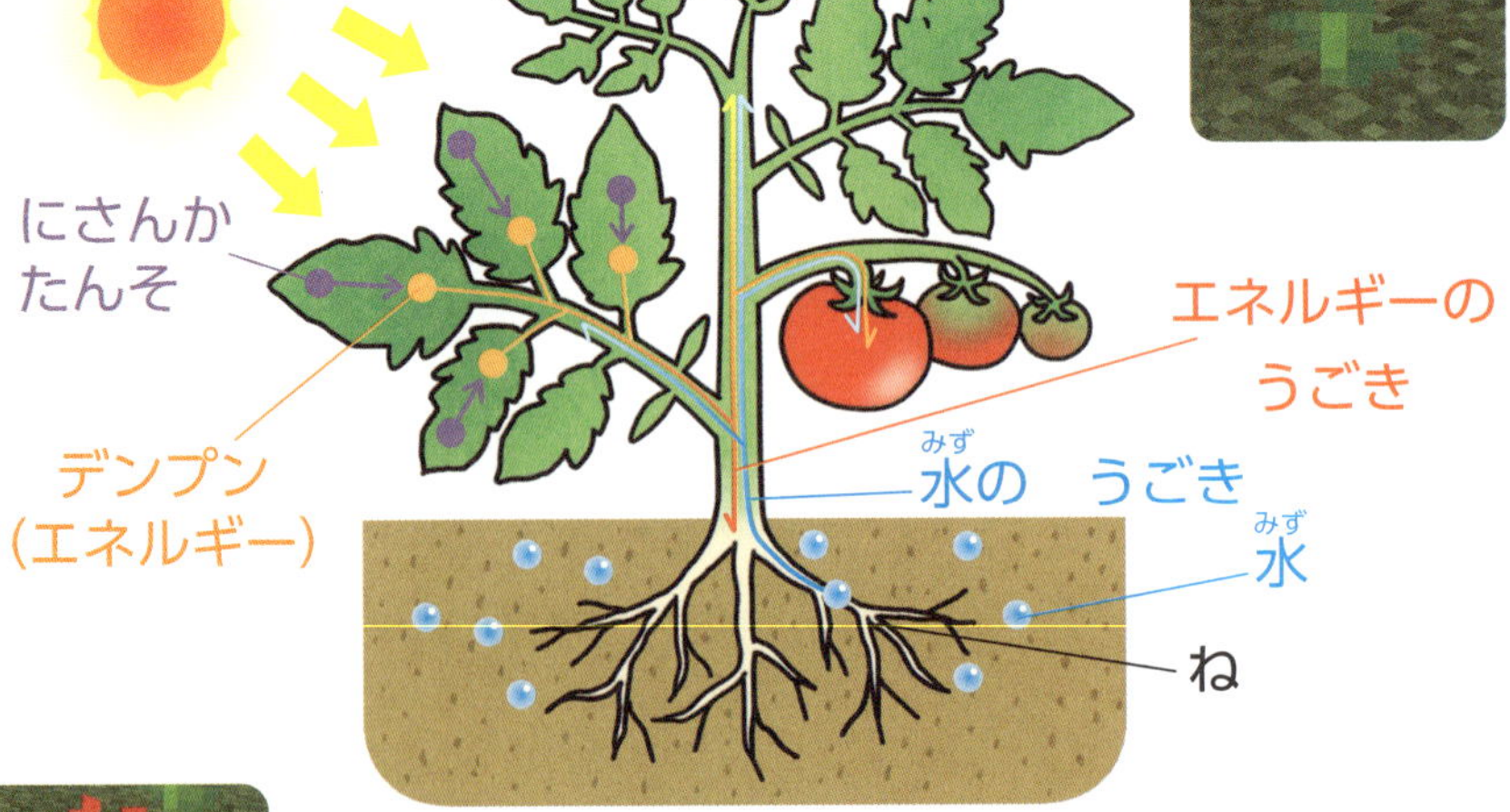
太《たい》ようの 光《ひかり》
にさんか
たんそ
デンプン
(エネルギー)
エネルギーの
うごき
水《みず》の うごき
水《みず》
ね

光合成《こうごうせい》で できた エネルギーは、はっぱを ふやしたり、くきや ねを 太《ふと》くしたり、花《はな》を さかせたり する ために つかわれるよ。

ラクダの　こぶには　何《なに》が　入《はい》って　いるの？

ラクダの　こぶは　どうして　あるのかな？
きっと、ぼくが　のりやすく　して　くれて　いるんだよ

自分《じぶん》の　体《からだ》の　中《なか》に
えいようを　ためておく。

ラクダの　こぶには、体《からだ》に　ひつような　えいようの　元《もと》に　なるものが　入《はい》って　います。ラクダが　すんでいる　さばくは、とても　かわいた　ところで、水《みず》や　えさを　見《み》つけるのが　むずかしい　場《ば》しょです。

水《みず》が　入《はい》って　いるんじゃ　ないんだ！

せなかに　こぶが　あるので、強《つよ》い太《たい》ようの　光《ひかり》を　さえぎって、体《からだ》をまもる　はたらきも　あるよ。

えいようを　つかいきると、こぶが　小《ちい》さく　なる。えさを　食《た》べると　こぶは　もとどおりになる。

ラクダは　えさが　あまり　食《た》べられない　ときに、こぶの　中《なか》の　えいようを　少《すこ》しずつ　つかって　生《い》きのびて　います。こぶの　おかげで、ラクダは　えさが　なくても　元気《げんき》に　すごす　ことが　できるのです。

イカや　タコは　なぜ
スミを　はくの？

あっ、イカだ！　ちょっと　見《み》て　きてよ！　およぎ　とくい　でしょ
えー　スミを　はかれるからなー

イカスミの　スパゲティを　食《た》べた　ことは　ありますか？　真《ま》っ黒《くろ》な　色《いろ》を　していて　おどろきますね。

イカや　タコが　水《みず》の　中《なか》で　スミを　はく　ことは、よく　知《し》られています。そのりゆうは、海《うみ》で　生《い》きのびる　ためです。

イカは、てきから　にげる　ために　スミをはきます。およぎが　じょうずな　イカは、スミを　はいて　てきの　目《め》を　くらませたあと、すばやく　その場《ば》から　にげます。

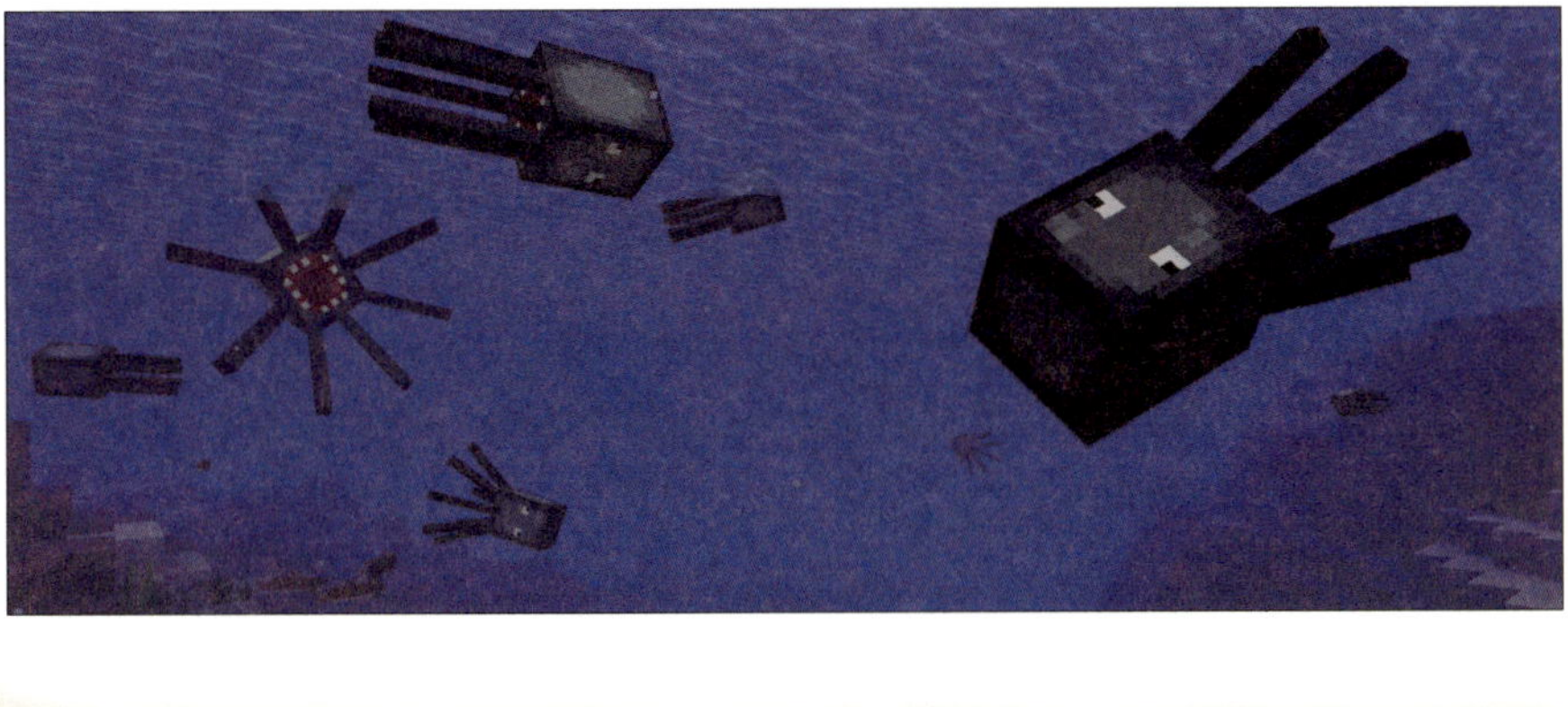

●イカと　タコは　スミを　はいて　てきから　みを　まもって　いる！

●スミは　ねばねば　して　いる

自分《じぶん》の　ぶんしんのように　見《み》せて、てきが　まよって　いる　その　すきに　にげる！

●スミは　さらっと　して　いる

あたりを　黒《くろ》く　して、てきが　自分《じぶん》を　見《み》うしなった　すきに　にげる！

イヌは　どうして　電《でん》ちゅうに　おしっこを　かけるの？

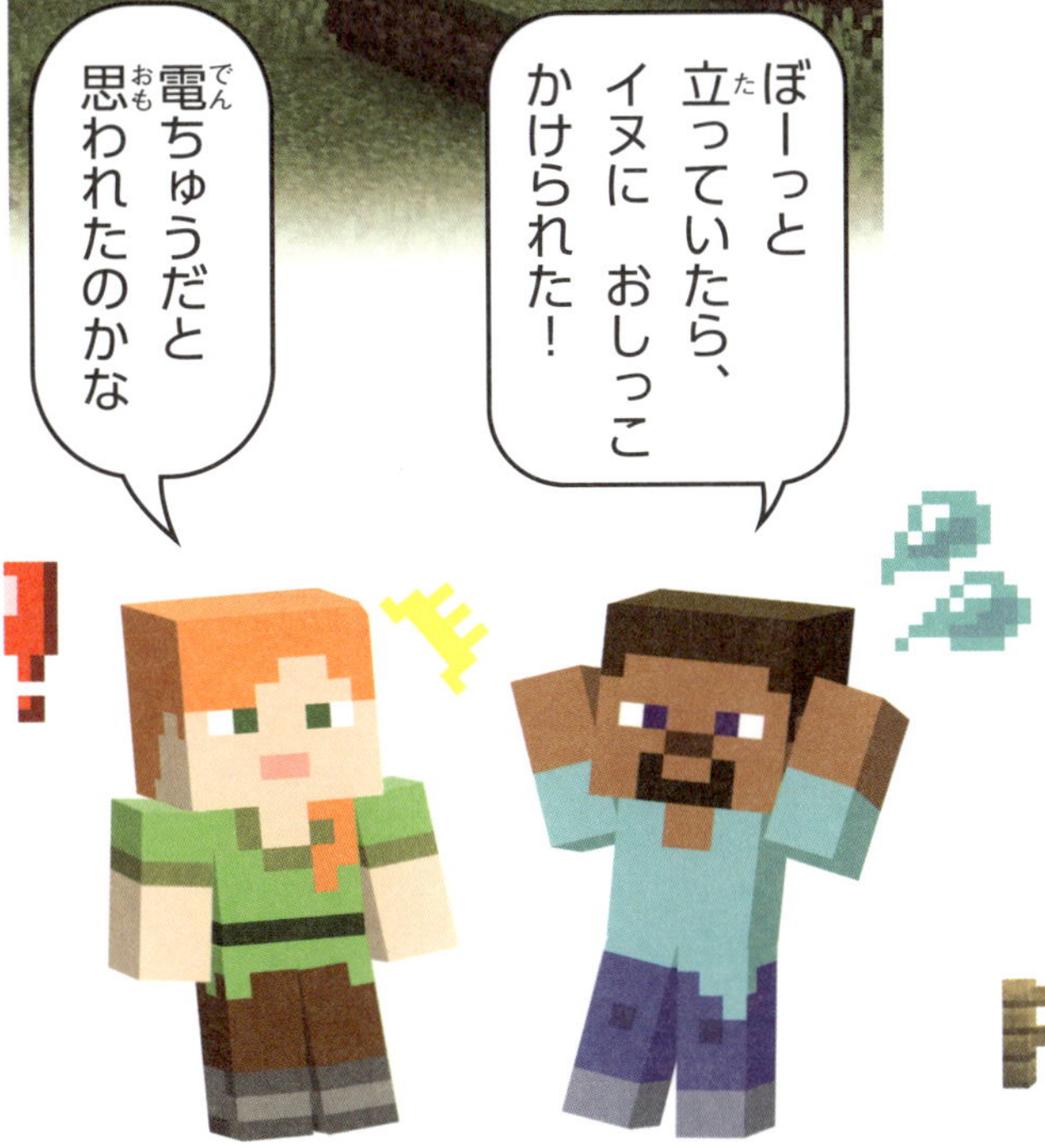
ぼーっと立《た》っていたら、イヌに　おしっこかけられた！
電《でん》ちゅうだと思《おも》われたのかな

イヌは 体《からだ》に たまった いらない ものを 外《そと》に 出《だ》す ために、おしっこを します。人間《にんげん》も 同《おな》じですね。でも、イヌは 自分《じぶん》の 場《ば》しょを ほかのイヌに 知《し》らせる ためにも つかっています。

イヌは おしっこの においで、ほかの イヌに「ここは ぼくの なわばりだよ」と 知《し》らせたり、「ここに ほかの イヌが 来《き》たんだな」と 分《わ》かったり します。これを「マーキング」と いいます。においは、イヌどうしの あいさつのような ものなのです。

イヌの なかまの オオカミも マーキングするよ！

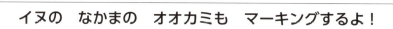

イヌが　電《でん》ちゅうや　木《き》など　地《じ》めんから　高《たか》い　ところに　おしっこを　するわけ

高《たか》い　いちに　おしっこを　かけて、自分《じぶん》の　体《からだ》が　大《おお》きいと　ほかの　イヌに　思《おも》わせて、自分《じぶん》の　強《つよ》さを　しめそうと　して　いるよ。

ここは　ぼくの
場《ば》しょだよ！

おしっこの　においが　まわりに　広《ひろ》がりやすくなり、ほかの　イヌが「あ、ここに　だれか　いるな」と　つたわりやすく　なります。

フンフン
あ、だれかが
来《き》たな

クモは　どうして　自分《じぶん》の　あみに　ひっかからないの？

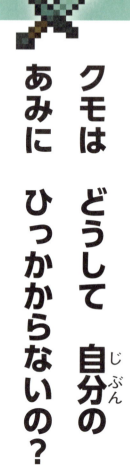

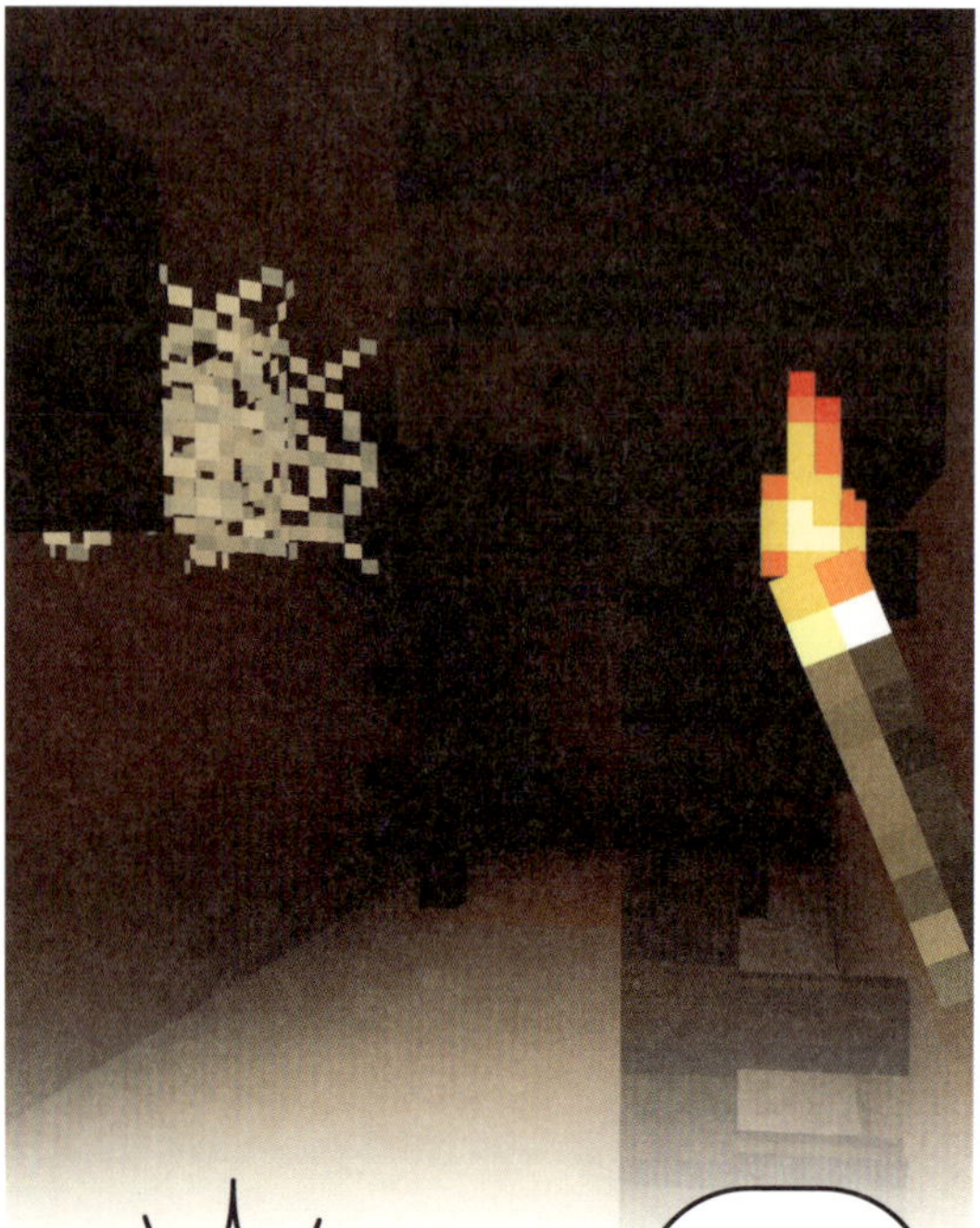

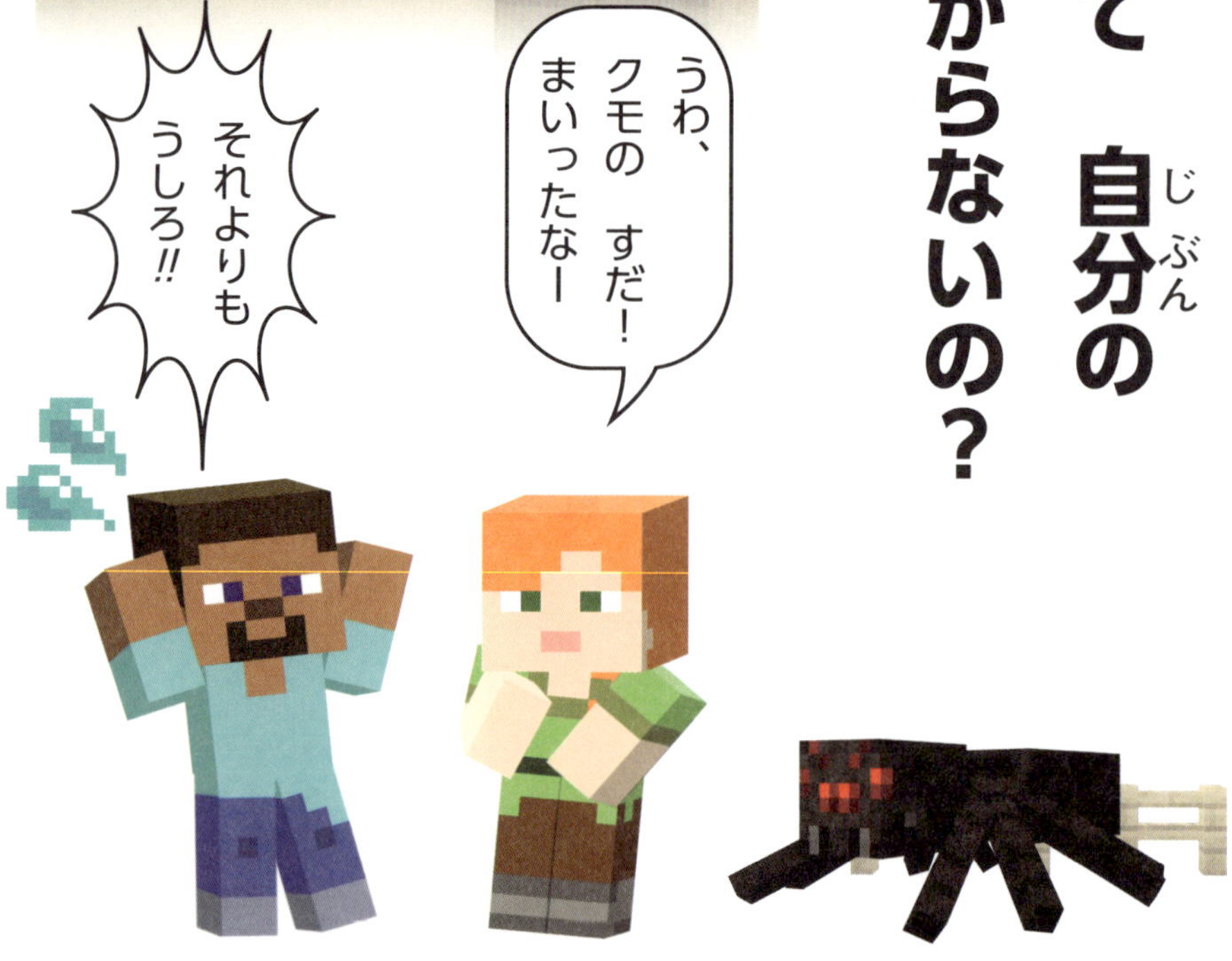
うわ、クモの　すだ！まいったなー
それよりもうしろ!!

クモが　自分《じぶん》の　あみに　ひっかからないのは、いくつかの　りゆうが　あります。

まず、クモの　あみには、ねばねば　した　糸《いと》と、ねばねば　して　いない　糸《いと》が　あります。クモは、ねばねば　して　いない　糸《いと》を　えらんで　うごきます。さらに、クモの　足《あし》には　小《ちい》さな　毛《け》が　たくさん　生《は》えて　いて、この毛《け》が　糸《いと》の　ねばねばを　はじきます。

このようにして、クモは　自分《じぶん》の　あみに　ひっからないのです。

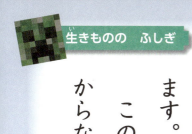

●クモの　あみの　しくみ

●よこの　糸《いと》
ねばねば　する。
●たての　糸《いと》
ねばねば　しない。

●たくさんの　毛《け》

ねばねば　した　糸《いと》に　さわっても、毛《け》の　ひょうめんしか　くっつかないので、すぐに　はなれて　ひっつかない。

クモは　虫《むし》？

生《い》きものの　なかま分《わ》けでは、チョウやハチなどの　虫《むし》は「こん虫《ちゅう》」と　いいますが、クモは　こん虫《ちゅう》では　ありません。

こん虫《ちゅう》は　足《あし》が　六本《ろっぽん》ありますが、クモは　八本《はちほん》あります。また、こん虫《ちゅう》の　体《からだ》は「頭《あたま》・むね・はら」に　分《わ》かれていますが、クモは　頭《あたま》と　むねが　ひとつに　なった部《ぶ》分《ぶん》と、はらに　分《わ》かれています。

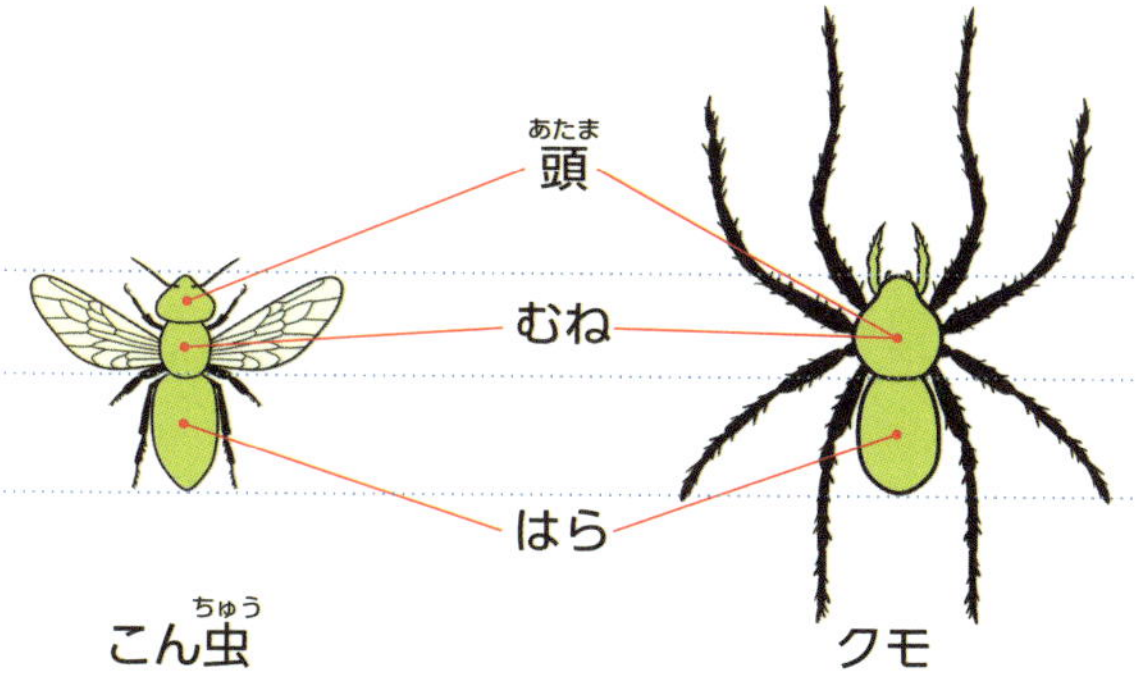

鳥《とり》は どうして 空《そら》を とべるの？

鳥《とり》が　空《そら》を　とべるのは、つばさで　空《くう》気《き》を　うまく　とらえて　いるからです。

つばさを　上《うえ》に　広《ひろ》げると、つばさの下《した》に　空気《くうき》が　たまって、体《からだ》を　上《うえ》に　もち上《あ》げる　力《ちから》が　生《う》まれます。

そして、つばさを　上下《じょうげ》に　ばたばたうごかすと、空気《くうき》を　おして、前《まえ》に　すすむ　力《ちから》が　生《う》まれます。

また、鳥《とり》の　体《からだ》には　空《そら》を　とぶ　ための　ひみつが　あります。

●鳥《とり》の　体《からだ》の　ひみつ

●かるい　体《からだ》

鳥《とり》の　ほねは　中《なか》が
空《から》っぽに　なって　いて、
かるく　できて　います。

●大《おお》きな　つばさ

鳥《とり》の　つばさは　とても
大《おお》きくて、じょうぶに
できて　います。この
つばさで　空気《くうき》を　とら
えて、空《そら》を　とぶ　力《ちから》を
生《う》み出《だ》します。

●むねの　強《つよ》い　きん肉《にく》

むねの　強《つよ》い　きん肉《にく》を
つかって、つばさを　ば
たばた　させて　空《そら》を
とびます。

いろいろな　鳥《とり》の　とび方《かた》

鳥《とり》の　とび方《かた》は、しゅるいに　よって　ちがいます。

●羽《は》ばたきひこう

つばさを　上下《じょうげ》に　ばたばたと　うごかす　方《ほう》ほう

つばさを
上下《じょうげ》させる
カモメや　スズメ

●かっくうひこう

つばさを　広《ひろ》げたまま、ほとんど　うごかさずに　空《そら》を　すべるように　とぶ　方《ほう》ほう

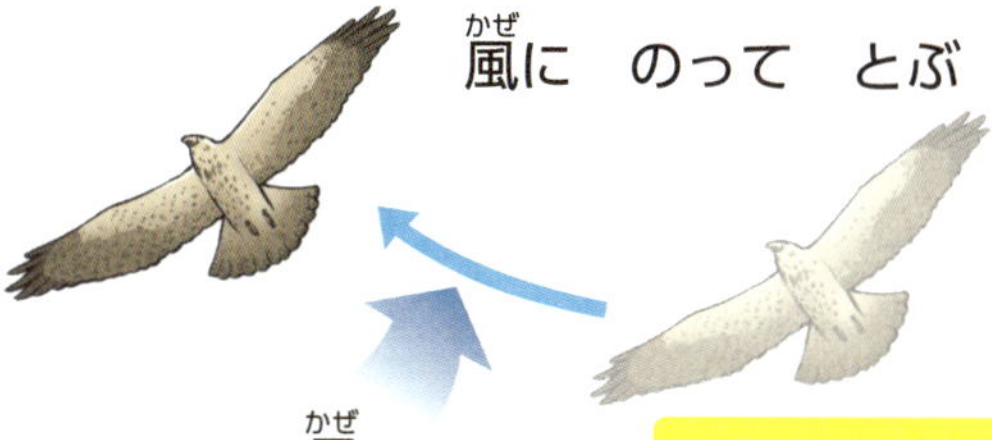
風《かぜ》に　のって　とぶ
風《かぜ》
タカや　ワシ

かがくじっけん ～やってみよう！～

十円玉《じゅうえんだま》を ぴかぴかに しよう！

【ようい するもの】

○よごれた 十円玉《じゅうえんだま》 三《さん》まい
○す
○ぎゅうにゅう
○しお水《みず》
○紙《かみ》コップ 三《みっ》つ

【やり方《かた》】

① それぞれの 紙《かみ》コップに 十円《じゅうえん》玉《だま》を ひとつずつ 入《い》れます。
② それぞれの 紙《かみ》コップに、す、ぎゅうにゅう、しお水《みず》を 一《いっ》しゅるいずつ 入《い》れます。
③ 一時間後《いちじかんご》、とり出《だ》して 十円玉《じゅうえんだま》を ふきます。

しぜんの　ふしぎ

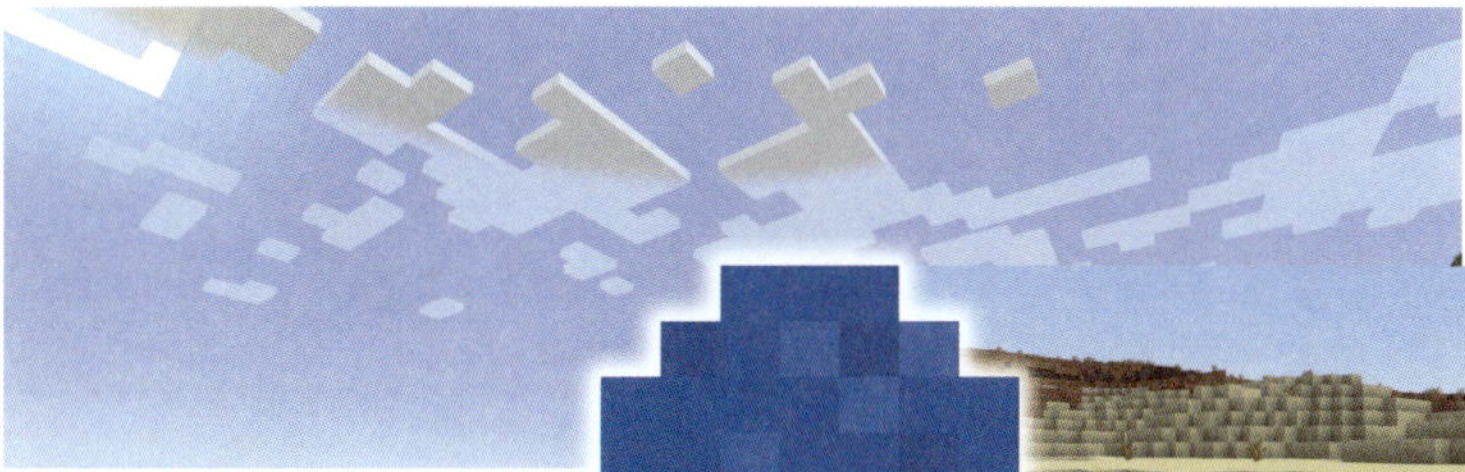

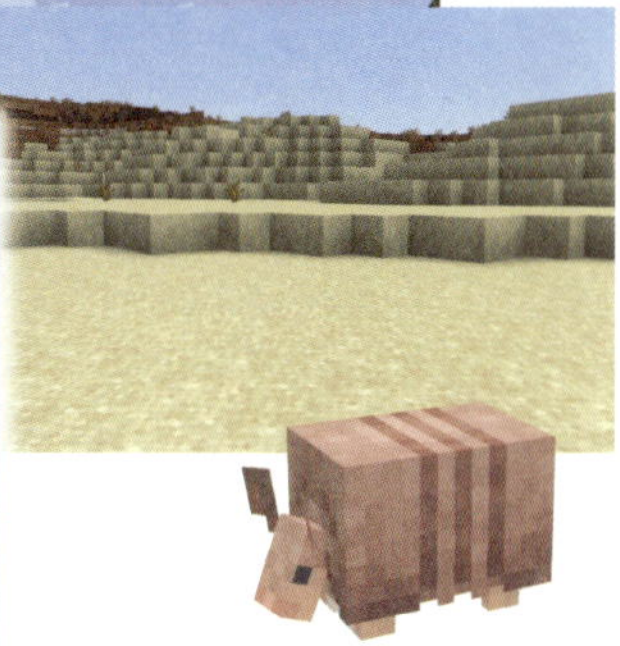

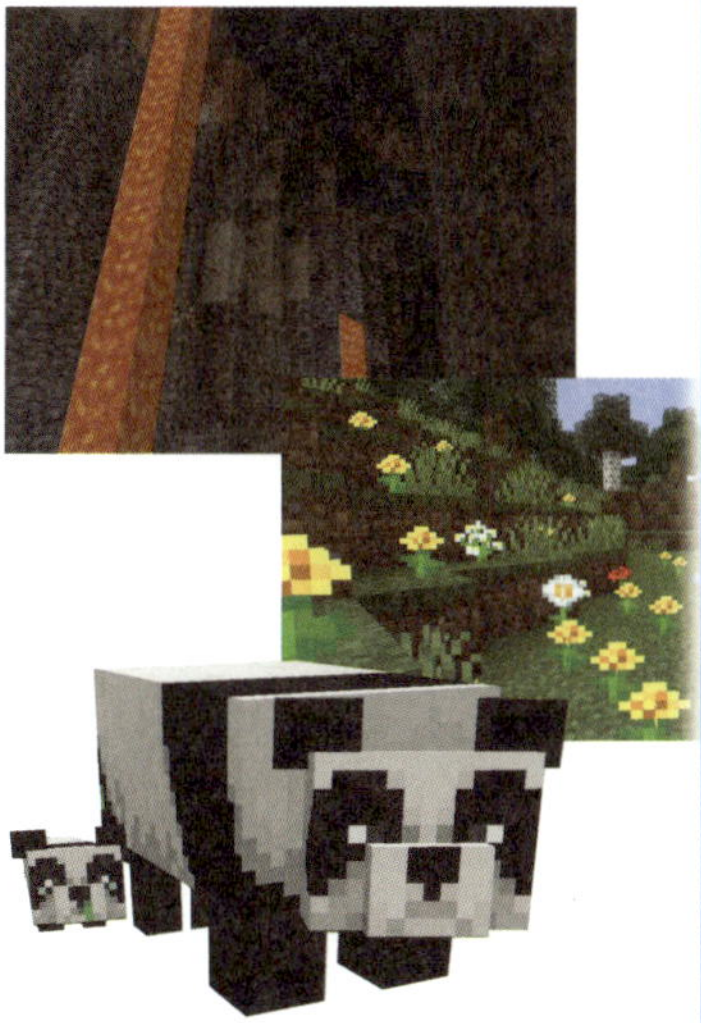

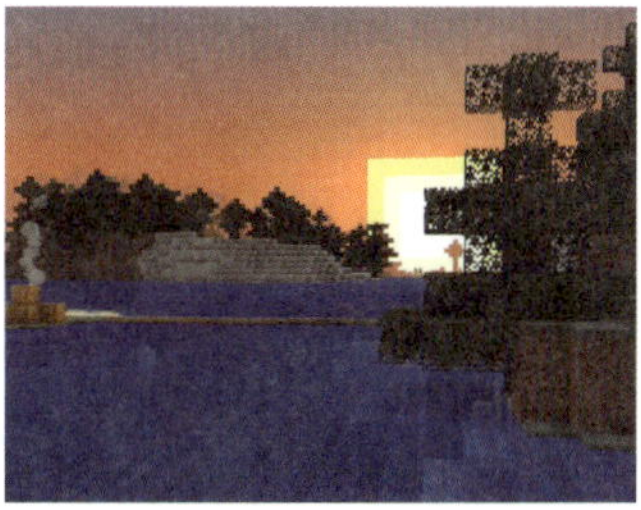

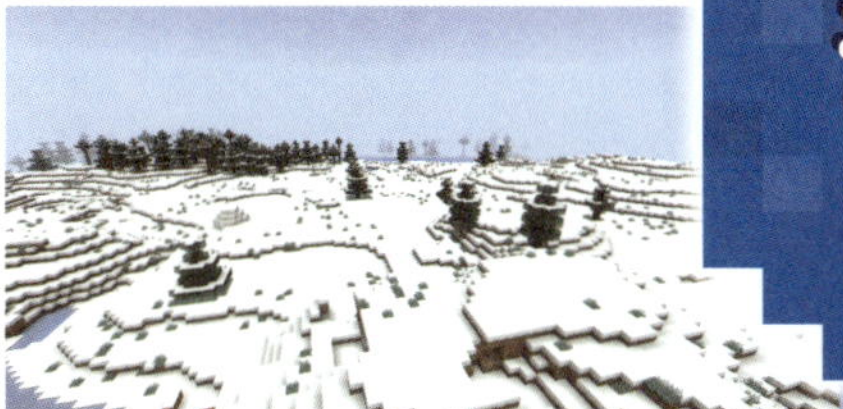

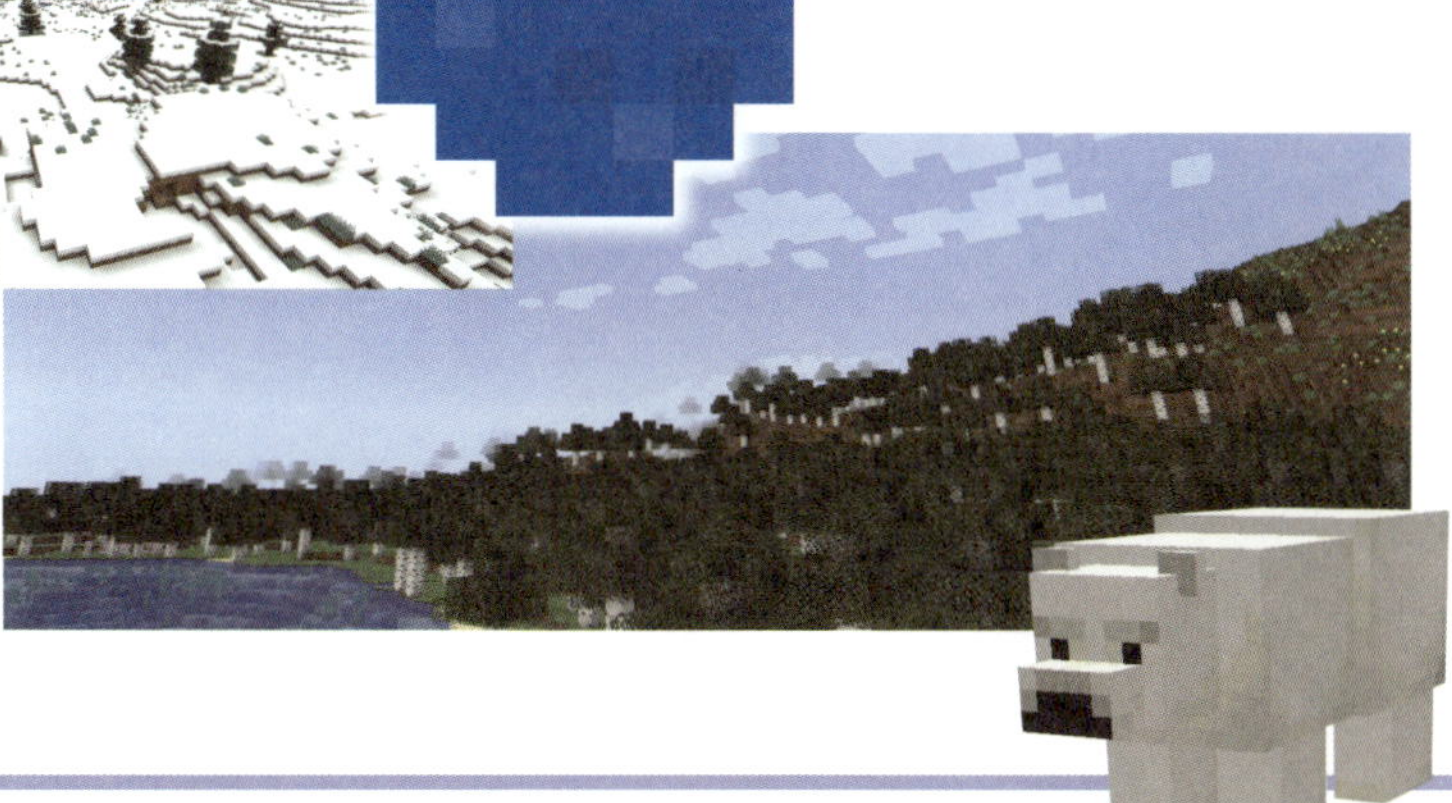

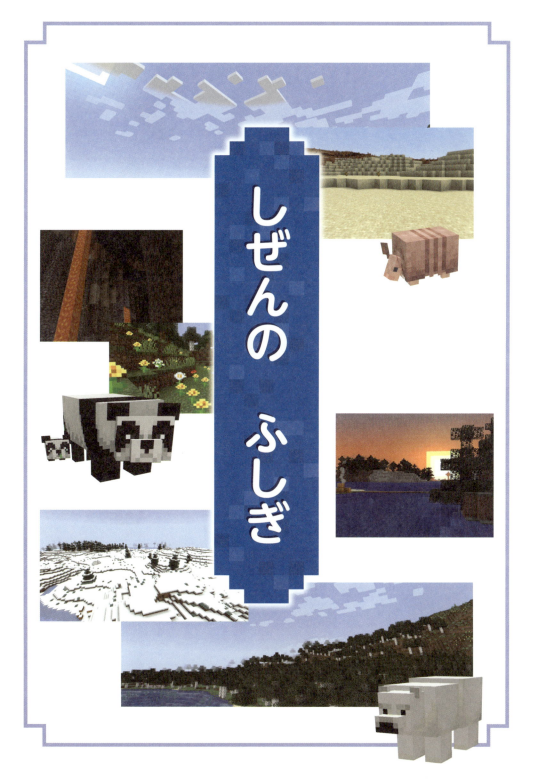

なぜ 昼《ひる》と 夜《よる》が あるの？

朝《あさ》だ！ きょうも いい 天気《てんき》だ！
夜《よる》の 間《あいだ》 太《たい》ようは どこに いたのかな？

昼《ひる》と　夜《よる》が　あるのは、地《ち》きゅうじしんが　まわって　いるからです。これを「じてん」と　いいます。地《ち》きゅうは、一日《いちにち》に　一回《いっかい》　まわります。太《たい》ようの　光《ひかり》が　あたって　いる　地《ち》きゅうの　半分《はんぶん》が　昼《ひる》になり、光《ひかり》が　あたらない　はんたいがわが　夜《よる》に　なります。地《ち》きゅうが　じてんして　いるので、夜《よる》だった　場《ば》しょが　だんだん　太《たい》ようの　光《ひかり》の　方《ほう》に　うごいて　いって、昼《ひる》に　なります。昼《ひる》だった　場《ば》しょは　しだいに　太《たい》ようが　見《み》えなくなり、夜《よる》に　なります。

●地《ち》きゅうの 一日《いちにち》の うごき

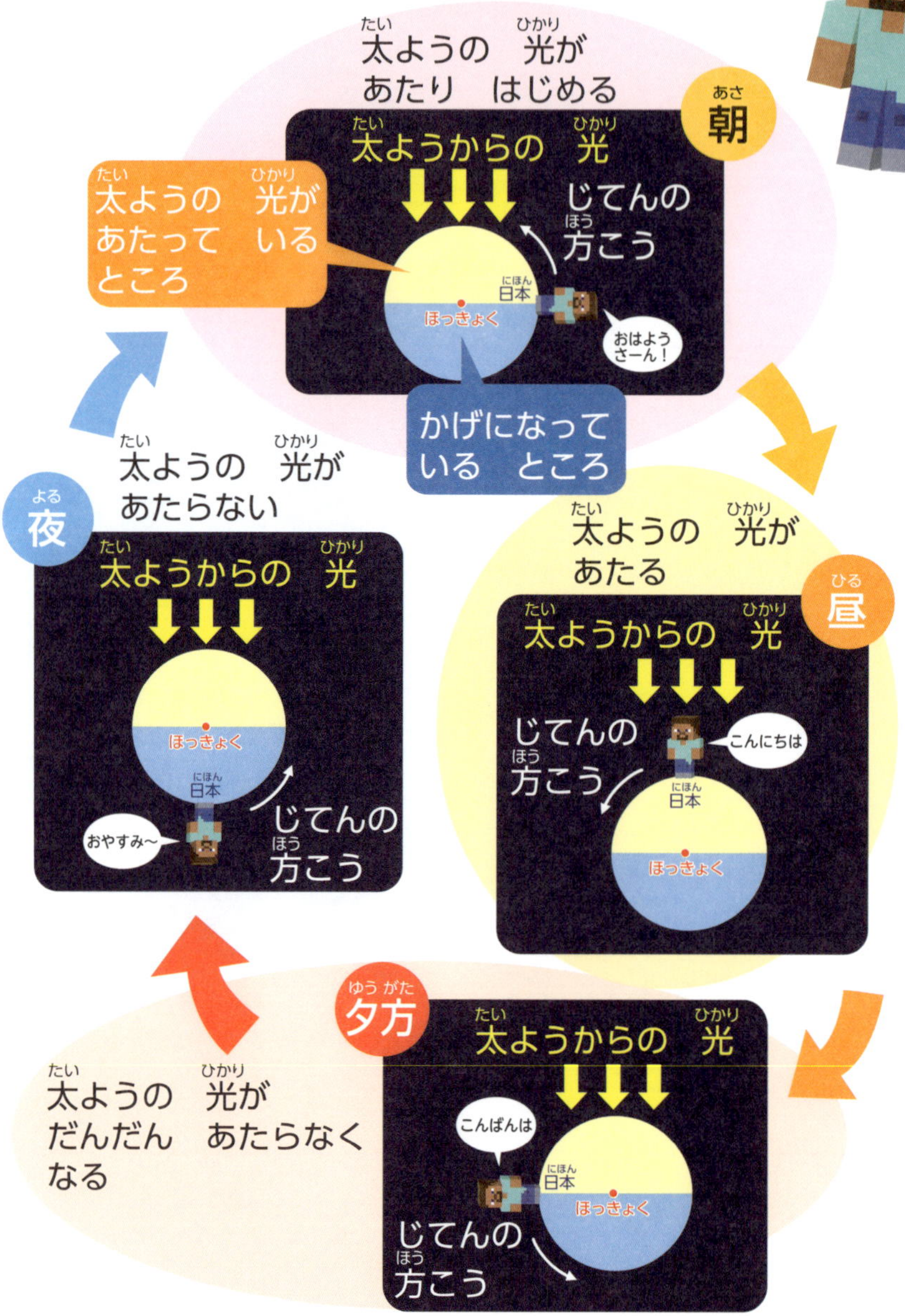

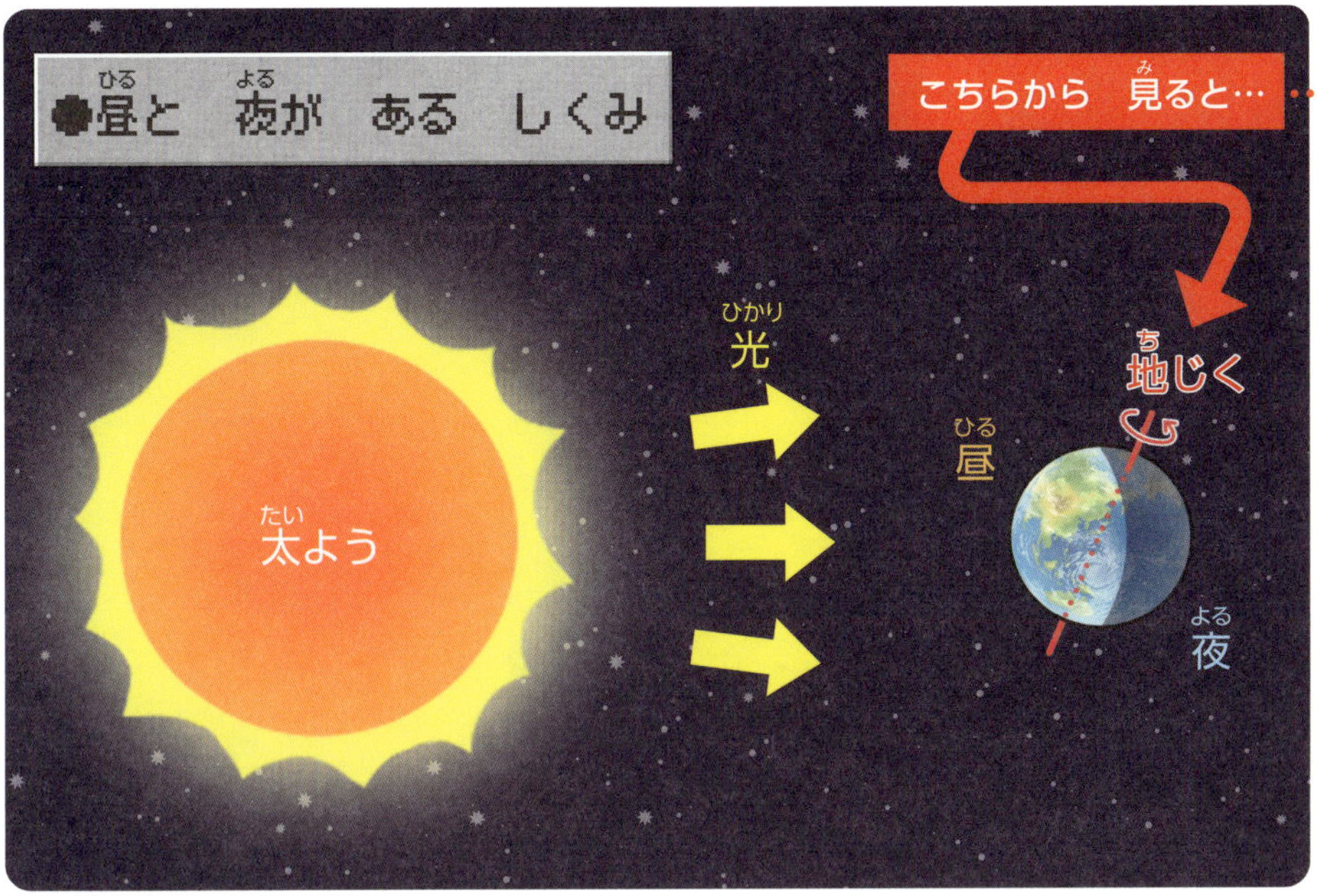
●昼《ひる》と　夜《よる》が　ある　しくみ
こちらから　見《み》ると…
光《ひかり》
太《たい》よう
地《ち》じく
昼《ひる》
夜《よる》

地《ち》きゅうぎと　かいちゅうでんとうを　つかって、
昼《ひる》と　夜《よる》の　しくみを　知《し》ろう！

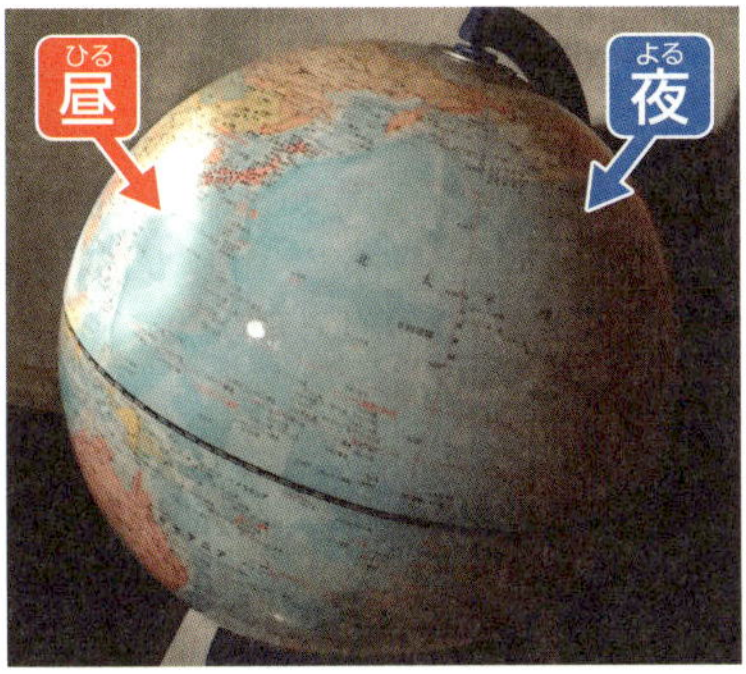
昼《ひる》
夜《よる》

昼《ひる》
夜《よる》

明《あか》るい　部分《ぶぶん》が　昼《ひる》、くらい　部分《ぶぶん》が　夜《よる》です。日本《にほん》の　いちを　たしかめて、地《ち》きゅうぎを　まわしてみよう。

山《やま》は　どうやって　できたの？

日本《にほん》で　いちばん
高《たか》い　山《やま》は
な～んだ？
富士山《ふじさん》！
でも、どうして
あんなに　高《たか》く
なったのかな？

山《やま》の　できかたの　ひとつに　ふん火《か》が　あります。

地《ち》きゅうの　中《なか》は　とても　あつくて、岩《いわ》が　どろどろに　とけた　マグマが　あります。マグマが　地上《ちじょう》へ　ふき出《だ》すと　ひえて　かたまり、よう岩《がん》になります。

そうして、よう岩《がん》が　つみかさなって　山《やま》が　できます。

富士山《ふじさん》は　ふん火《か》で　できました。

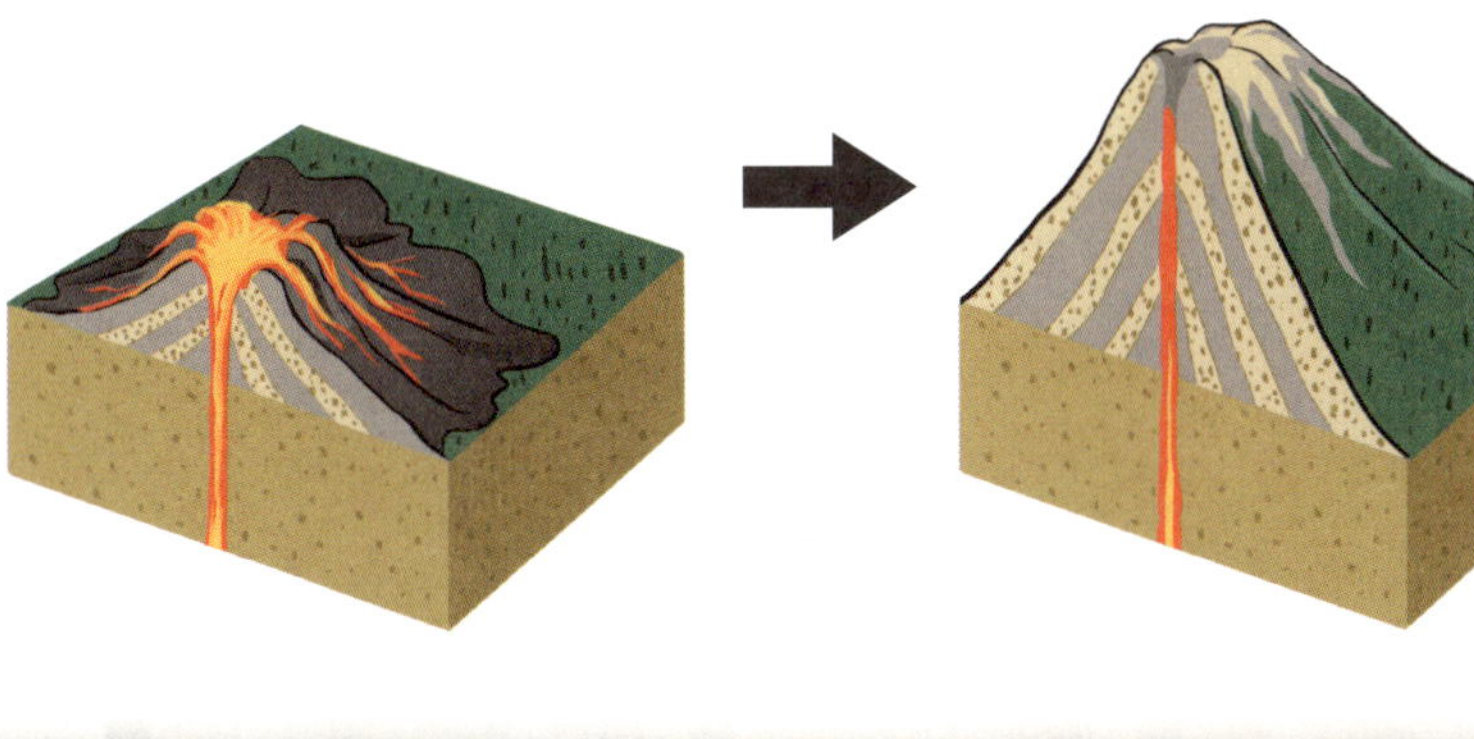

地上《ちじょう》に　ふき出《だ》した
よう岩《がん》
つみかさなって
山《やま》に　なる

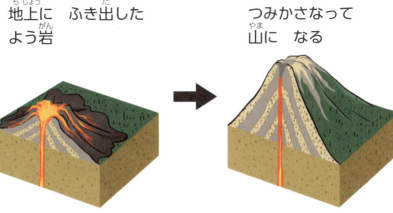

ふん火《か》で　みずうみが　できる？

ふん火《か》に　よって　できた　みずうみも　あります。たとえば、北海道《ほっかいどう》に　ある「くしろこ」です。

ふん火《か》で、マグマが　ふき出《だ》すと、火山《かざん》の　中《なか》が　空《から》っぽに　なります。そこが　くぼんで、水《みず》が　たまり、みずうみに　なります。

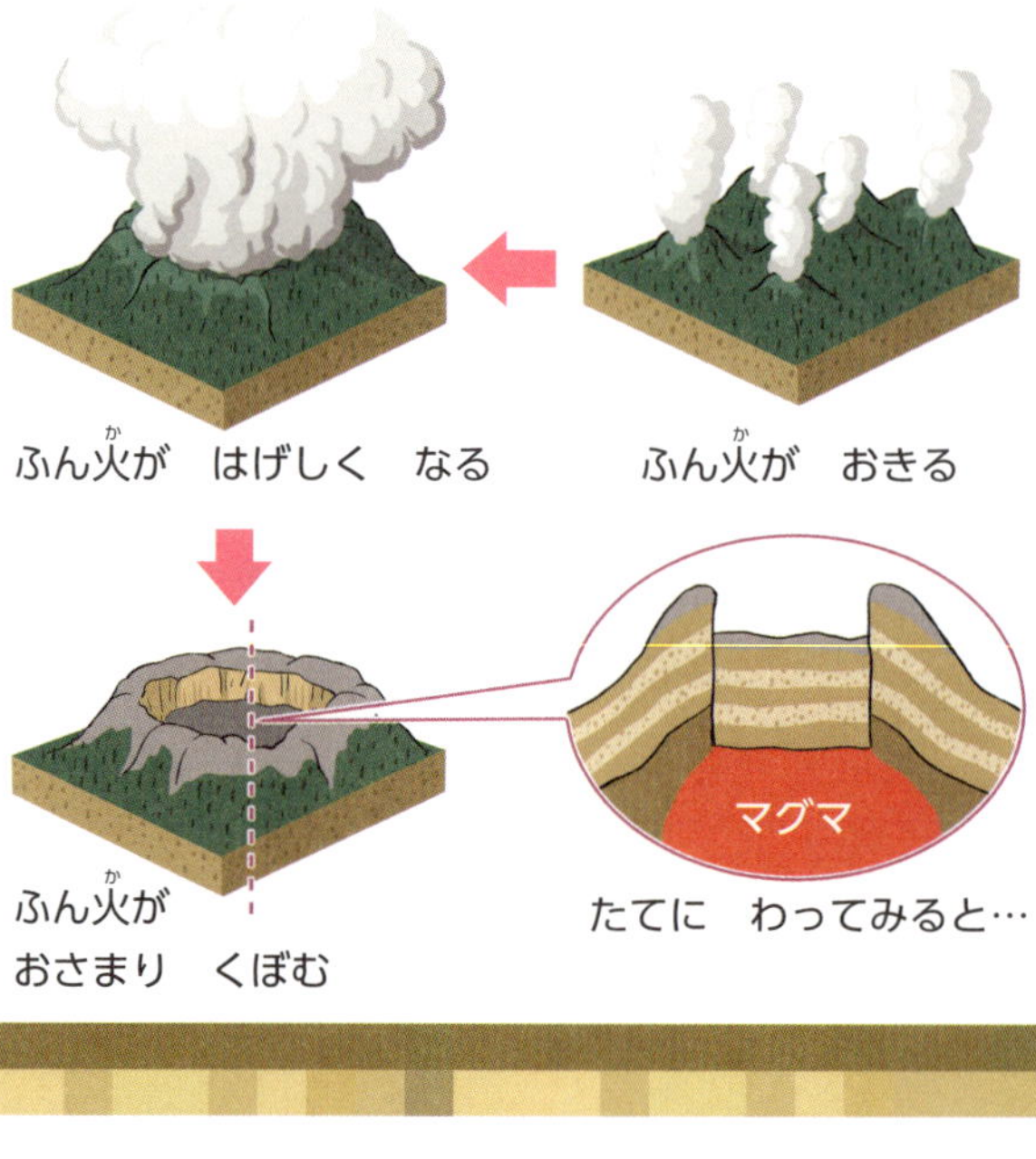
ふん火《か》が　おきる
ふん火《か》が　はげしく　なる
ふん火《か》が
おさまり　くぼむ
マグマ
たてに　わってみると…

どうして　夏《なつ》は　あつくて　冬《ふゆ》は　さむいの？

やっほー　雪《ゆき》だ！ 冬《ふゆ》、サイコー！
げ、元気《げんき》だね… ちょっと　前《まえ》まで、夏《なつ》だったような… どうして　きせつが　かわるのかな？

夏《なつ》が　あついのは、一日《いちにち》の　うち　太《たい》ように　あたる　時間《じかん》が　長《なが》いからです。昼《ひる》間《ま》、太《たい》ようで　たくさん　あたためられ、夜《よる》は　少《すこ》ししか　ひえません。だから、あついのです。

はんたいに、冬《ふゆ》が　さむいのは　太《たい》ように　あたる　時間《じかん》が　みじかいからです。

では、なぜ　夏《なつ》と　冬《ふゆ》では　昼《ひる》と　夜《よる》の長《なが》さが　ちがうのでしょうか。

地《ち》きゅうは　太《たい》ようの　まわりを　一年《いちねん》かけて　まわって　います。この　うごきを「こうてん」と　いいます。また、地《ち》きゅうじしんも　一日《いちにち》に　一回《いっかい》てんしています。これを「じてん」と　いいます。

地《ち》きゅうは　少《すこ》し　かたむいて、じてんします。この　かたむきの　ため、昼《ひる》と夜《よる》の　長《なが》さや、太《たい》ようの　光《ひかり》の　あたりかたが　夏《なつ》と　冬《ふゆ》で　ちがってきます。

日本《にほん》の　夏《なつ》と　冬《ふゆ》の　昼《ひる》と　夜《よる》の　長《なが》さの　ちがい

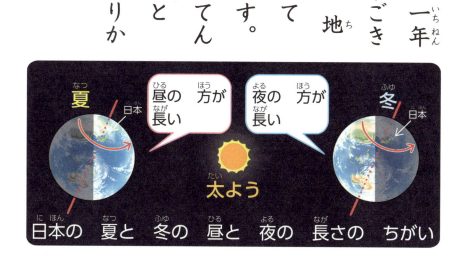

夏《なつ》は、太《たい》ようの　光《ひかり》が　まっすぐに　地《じ》めんに　あたります。この　光《ひかり》は、強《つよ》くて　たくさんの　ねつを　地《じ》めんに　とどけるので、あつく　なります。

また、夏《なつ》は　一日《いちにち》の　うち　太《たい》ようが　出《で》て　いる　時間《じかん》が長《なが》いのも、あつく　なる　りゆうです。

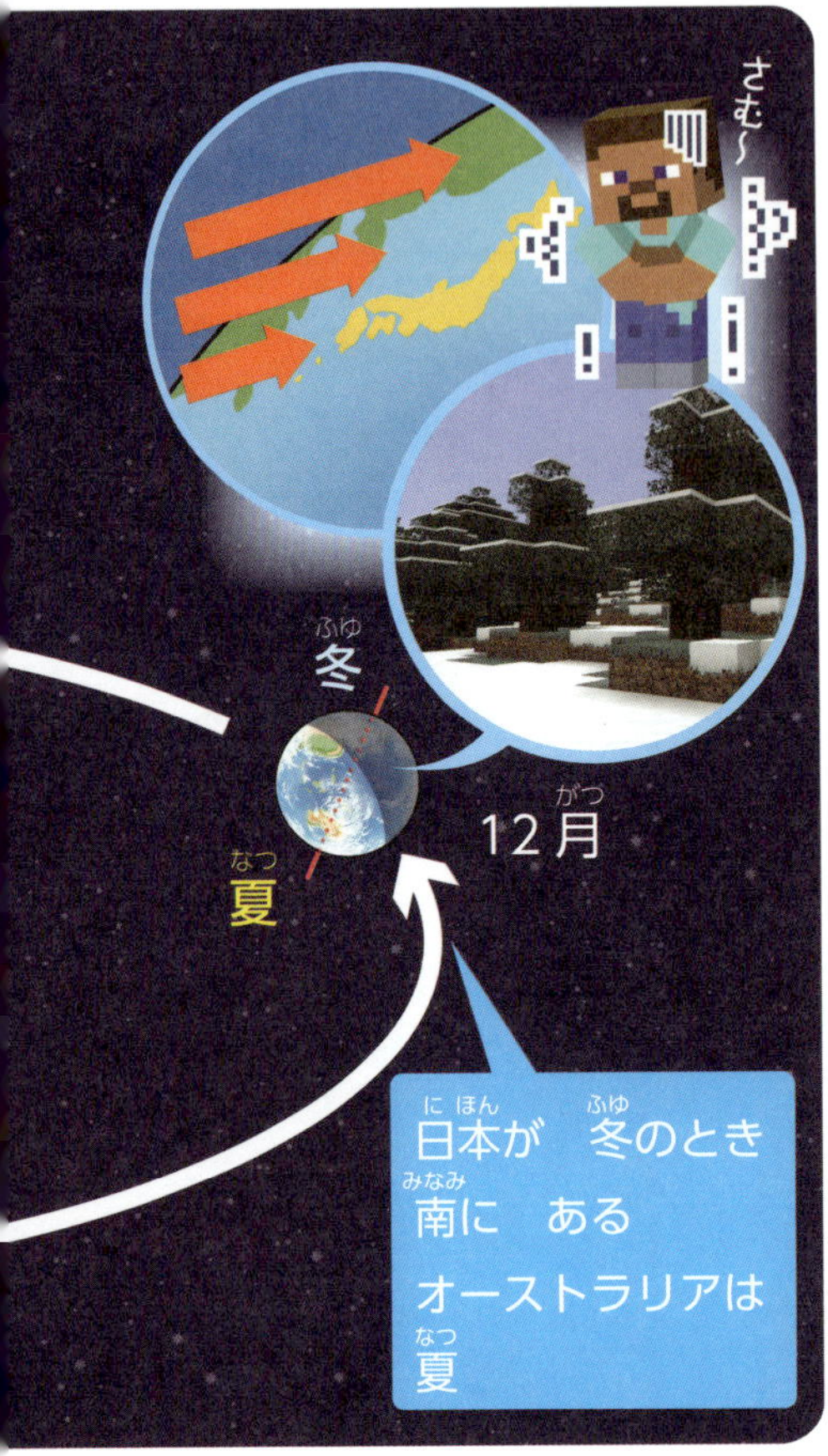
さむ～
冬《ふゆ》
12月《がつ》
夏《なつ》
日本《にほん》が　冬《ふゆ》のとき
南《みなみ》に　ある
オーストラリアは
夏《なつ》

冬《ふゆ》は、太《たい》ようから　遠《とお》ざかる　かたむきに　なります。太《たい》ようの　光《ひかり》が　ななめに　あ

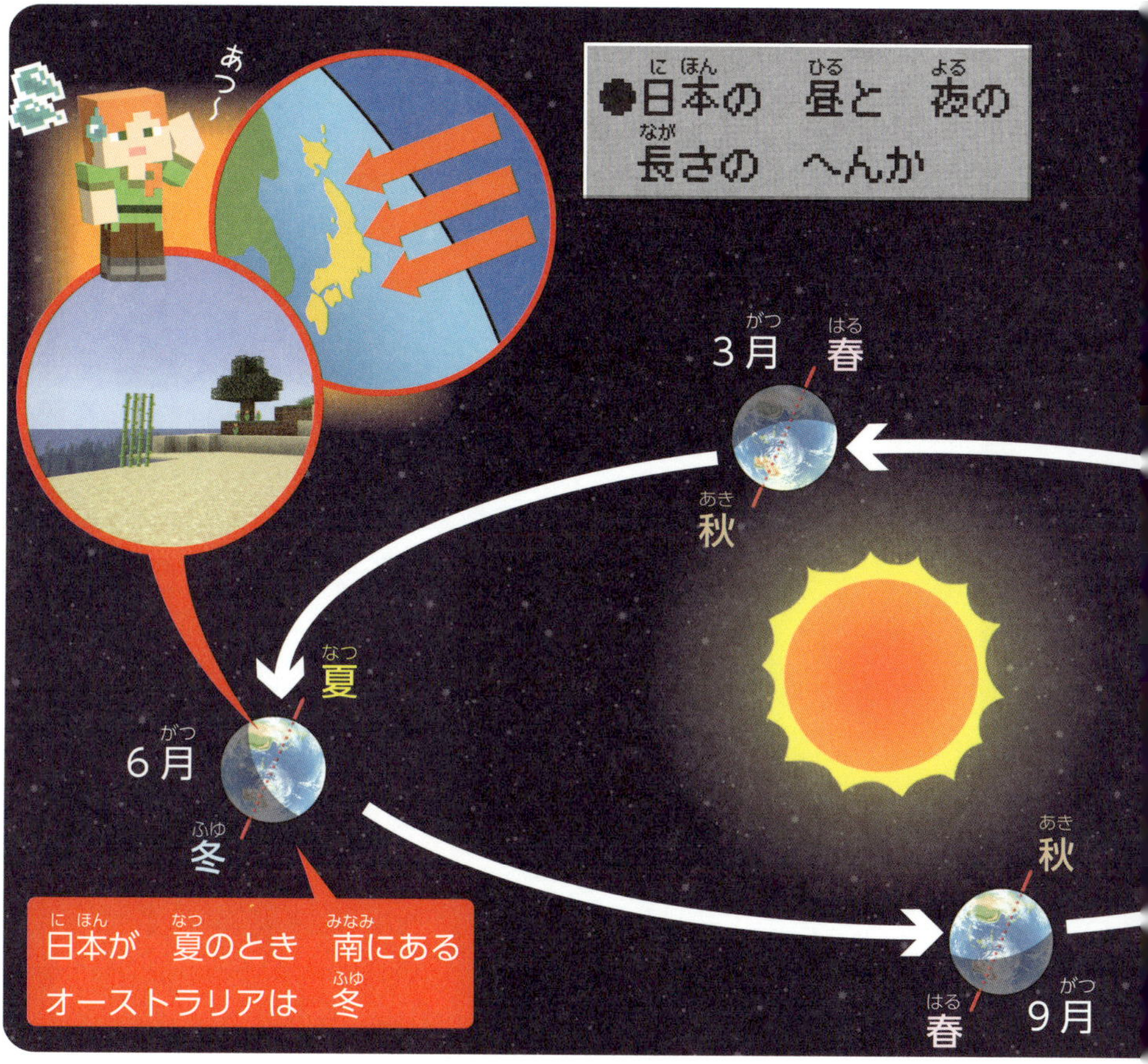
日本《にほん》の　昼《ひる》と　夜《よる》の
長《なが》さの　へんか
あつ～
3月《がつ》　春《はる》
秋《あき》
夏《なつ》
6月《がつ》
冬《ふゆ》
秋《あき》
春《はる》　9月《がつ》
日本《にほん》が　夏《なつ》のとき　南《みなみ》にある
オーストラリアは　冬《ふゆ》

たるように　なります。この光《ひかり》は弱《よわ》くて、地面《じめん》をあたためる　力《ちから》が少《すく》ないため、さむく　かんじます。太《たい》ようの　出《で》ている　時間《じかん》も　みじかくなります。

冬《ふゆ》の　かげは　長《なが》く　なる？

夏《なつ》と　冬《ふゆ》では、同《おな》じ　時間《じかん》でも　太《たい》ようの　高《たか》さが　ちがいます。お昼《ひる》の　十二時《じゅうにじ》に　太《たい》ようの　いちを　くらべると、夏《なつ》は　高《たか》い　いちに、冬《ふゆ》は　ひくい　いちに　あります。

そのため、冬《ふゆ》は　かげが　長《なが》く　なります。自分《じぶん》の　かげで　たしかめて　みましょう。

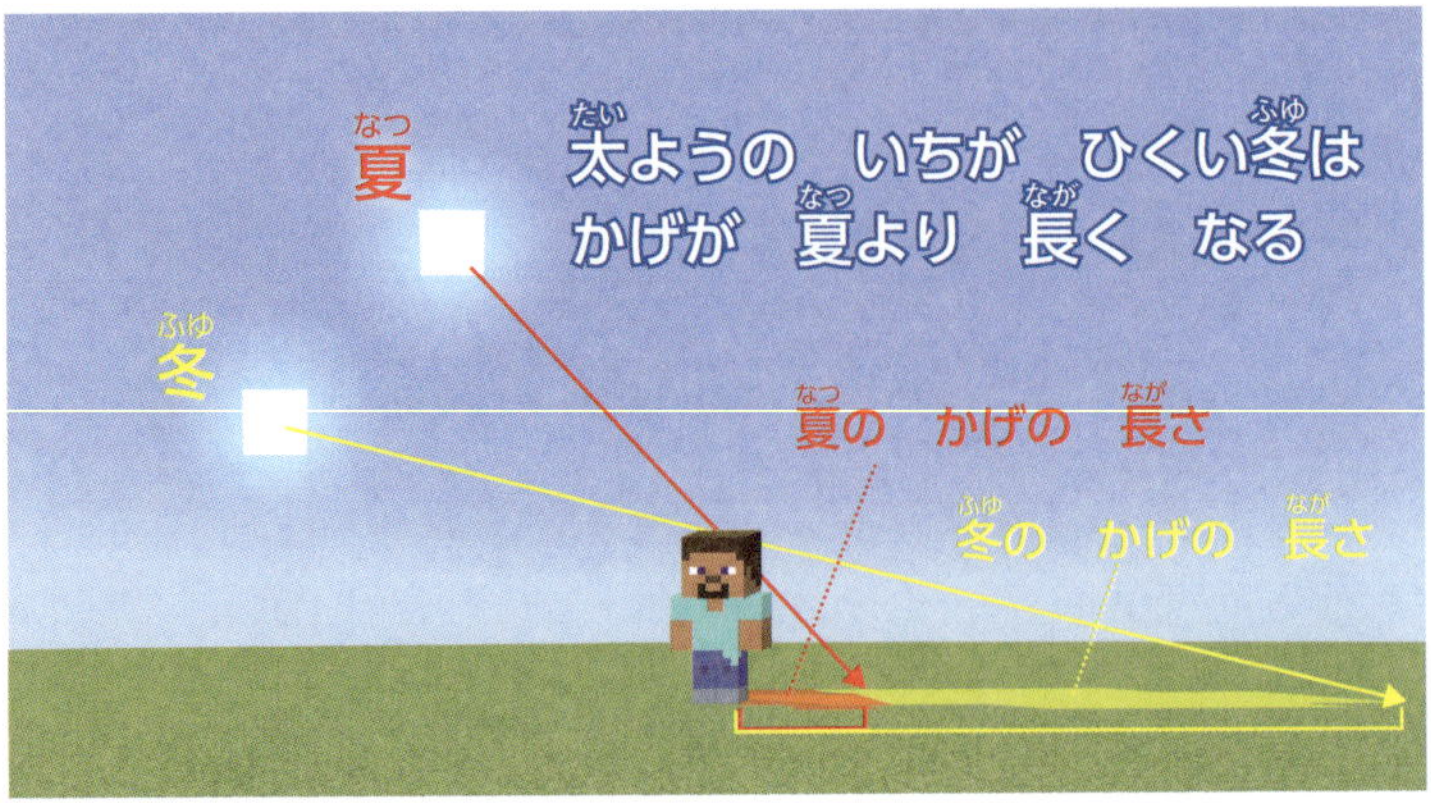

さばくは　どうやって　できたの？

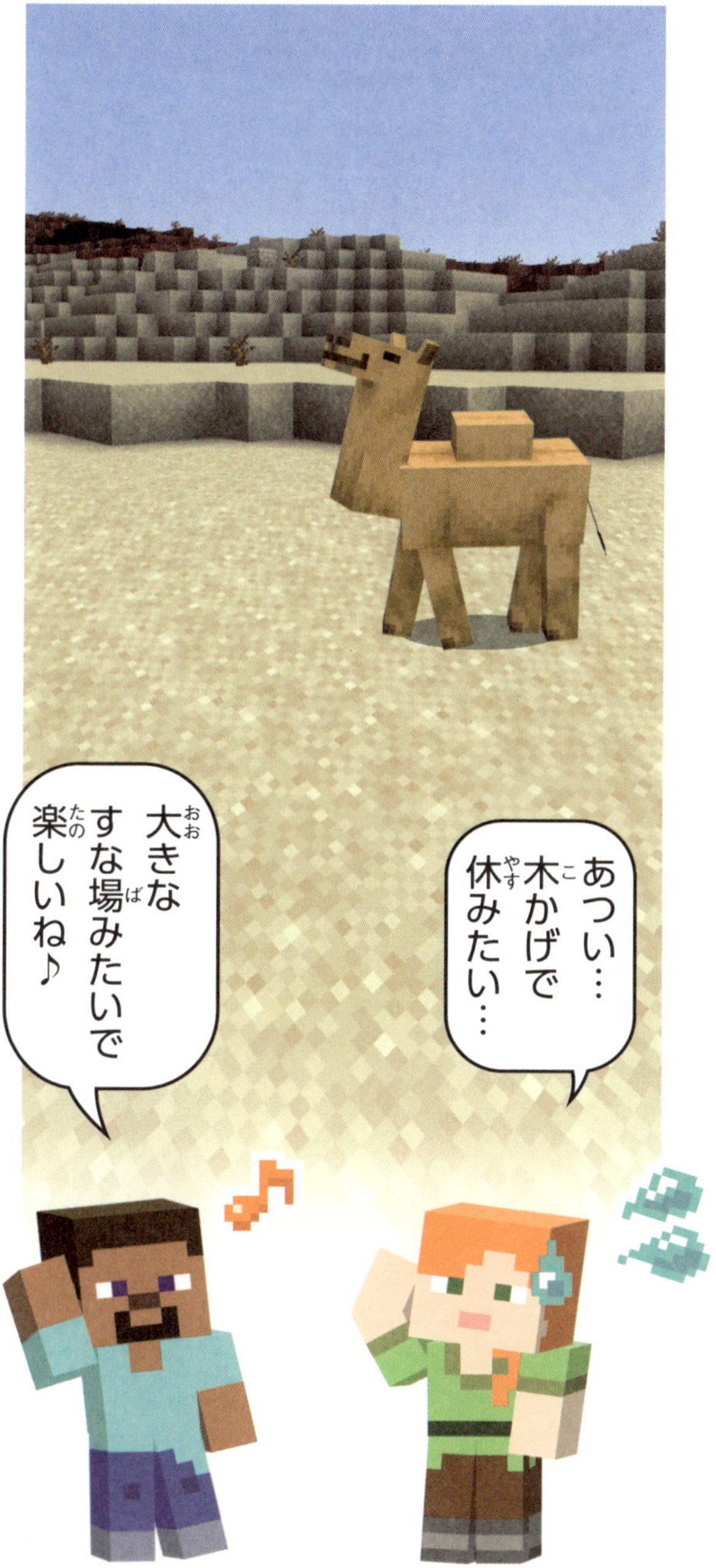
あつい…木《こ》かげで休《やす》みたい…
大《おお》きなすな場《ば》みたいで楽《たの》しいね♪

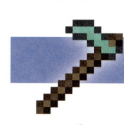

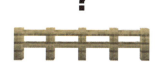

さばくは、すなや　かわいた　土《つち》が　広《ひろ》がった　場《ば》しょです。雨《あめ》がほとんど　ふらないため、木《き》や　草《くさ》が　あまり　そだたない　ところがさばくに　なります。でも、どうして　雨《あめ》の　ふらない　ところが　できるのでしょうか。

●アラビアさばく
すなに　おおわれた　さばく

雨《あめ》の　ふらない　ところが　できる　りゆうの　ひとつに、風《かぜ》や　山《やま》の　はたらきが　あります。しめった　風《かぜ》が　山《やま》に　ぶつかると　雨《あめ》が　ふり、かわいた　風《かぜ》に　かわります。こういう　場《ば》しょでは、雨《あめ》が　ふらず、だんだんと　さばくに　なって　いきます。たとえば、中国《ちゅうごく》の　ゴビさばくは　雨《あめ》が　ほとんど　ふりません。

サウロロフスの化石《かせき》

夏《なつ》は　30度《ど》を　こえる　ことが　あるが、冬《ふゆ》には　マイナス40度《ど》に　なる　ときも　ある。岩《いわ》が　ごろごろ　ころがって　いる。きょうりゅうの　化石《かせき》が　見《み》つかって　いる。

ガラガラヘビ
ウチワサボテン
岩《いわ》
モハーヴェさばく
カンガルー
アタカマさばく
トカゲ

さばくも
さむく
なるんだ！

すなの　おかが　たくさん　ならんでいる。すなだけでなく、岩場《いわば》や　草《くさ》地《ち》も　まざって　いる。

ジョシュアツリーという　木《き》や、かわった　形《かたち》の　岩《いわ》が　ある。ガラガラヘビや　サソリも　いる。

ジョシュアツリー

せかいの　さばく

さばくにも　いろいろ　あるよ！
どんな　さばくが　あるかな？
ヒトコブラクダ
タクラマカンさばく
ゴビさばく
サハラさばく
アラビアさばく
ルブアルハリさばく
ナミブさばく
カラハリさばく
グレートサンディ
さばく

せかいで　いちばん　大《おお》きな　さばく。
昼《ひる》は　50度《ど》以上《いじょう》、夜《よる》は　0度《ど》以下《いか》に
なる　ことも。

雲《くも》は　何《なに》で　できて　いるの？

わたがしに ソフトクリーム… 雲《くも》って おいしそう！
ふわふわして 見《み》えるけど、雲《くも》は　何《なに》で できて いるのかな？

雲《くも》は、ふわふわの　わたあめみたいに見《み》えますが、じつは　たくさんの　水《みず》やこおりの　小《ちい》さな　つぶが　あつまったものなのです。

ふわふわに　見《み》えるのは、ひとつ　ひとつの　つぶが　とても　小《ちい》さく、太《たい》ようの　光《ひかり》が　つぶと　つぶの　間《あいだ》を　とおりぬけます。だから、ふわふわの　白《しろ》い　ものに　見《み》えるのです。

●つぶが　あつまる

水《みず》の　つぶや　こおりの　つぶが、たくさん　あつまると　雲《くも》に　なる。

●雨《あめ》が　ふる

雲《くも》の　中《なか》の　水《みず》の　つぶや　こおりの　つぶが、だんだん　大《おお》きく　なって　おもたくなると、下《した》に　おちてくる。それが雨《あめ》。

ひくい
気《き》おん
高《たか》い

水《みず》は、水《すい》じょう気《き》や　こおりに　すがたを　かえるんだね

●雲《くも》が　できる　しくみ

水《すい》じょう気《き》が　ひえると、小《ちい》さな　水《みず》の　つぶや　こおりの　つぶに　かわる。

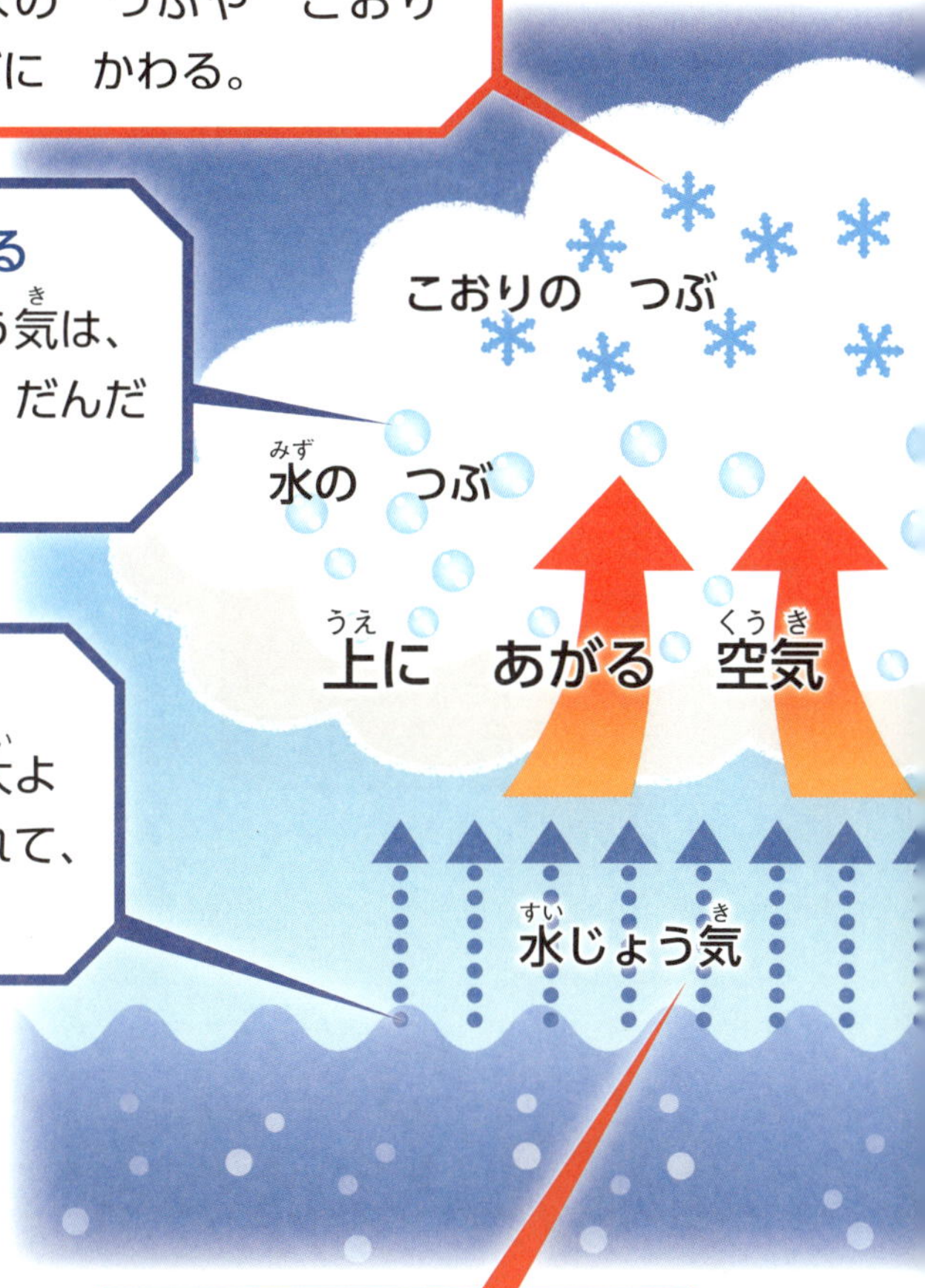
こおりの　つぶ
水《みず》の　つぶ
上《うえ》に　あがる　空気《くうき》
水《すい》じょう気《き》

●水《すい》じょう気《き》が　ひえる

空《そら》に　のぼった　水《すい》じょう気《き》は、高《たか》い　ところに　いくと　だんだん　つめたく　なる。

●水《みず》が　あたたまる

川《かわ》や　海《うみ》などの　水《みず》は、太《たい》ようの　光《ひかり》で　あたためられて、空《そら》に　あがる。

空《そら》に　あがる　目《め》に　見《み》えない　けむりのような　ものを、水《すい》じょう気《き》と　いう。

食《た》べられないのか
ざんねん…

地《ち》きゅうの　中《なか》は　どうなって　いるの？

金《きん》を　ほりに　きたよ♪　だいぶ　ふかい　ところまで…　見《み》て、空《そら》が　あんな　ところに！
このまま　地《じ》めんを　ほって　いくと、地《ち》きゅうの　うらがわに　つくのかな？

地《ち》きゅうの　中《なか》は　地《じ》めんから、中心《ちゅうしん》に　むかって、大《おお》きく「地《ち》かく」「マントル」「外《がい》かく」「内《ない》かく」という　四《よっ》つの部分《ぶぶん》に　分《わ》かれています。

はんじゅくの　ゆでたまごを　思《おも》いうかべて　みて　ください。

地《ち》きゅうの　いちばん　外《そと》がわに　ある「地《ち》かく」と　いう　部分《ぶぶん》は、たまごで　いうと　「から」に　あたります。かたくてうすいところですね。わたしたちが　すんでいる　地《じ》めんや　山《やま》は　この　部分《ぶぶん》です。

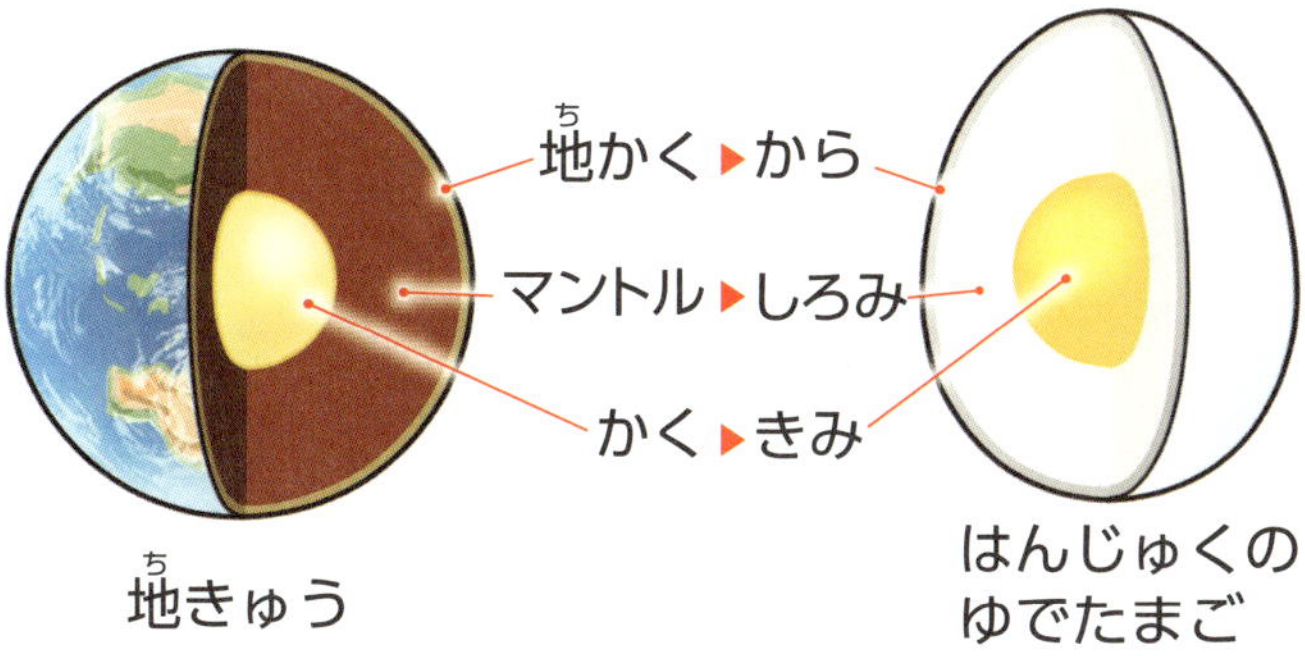

地《ち》かく▶から
マントル▶しろみ
かく▶きみ
地《ち》きゅう
はんじゅくの
ゆでたまご

「地《ち》かく」の 下《した》に ある 「マントル」は、たまごの 「しろみ」に あたります。「しろみ」は、からの 下《した》に あり、やわらかいですね。「マントル」も、おくの ほうでは ドロドロと して います。

「外《がい》かく」と、「内《ない》かく」は、たまごの きみの 部《ぶ》分《ぶん》に あたります。

●地《ち》かく
地《ち》きゅうの いちばん 外《そと》がわに ある かたい ところ。

●マントル
地《ち》かくの 下《した》に ある とても あつい 部《ぶ》分《ぶん》。マントルが とけて ドロドロに なった ものが、マグマ。

●地《ち》きゅうの　中《なか》の　ようす

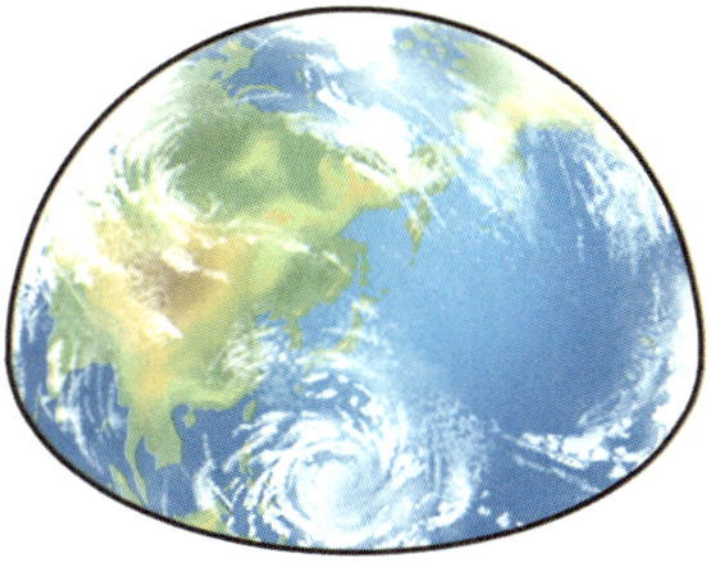

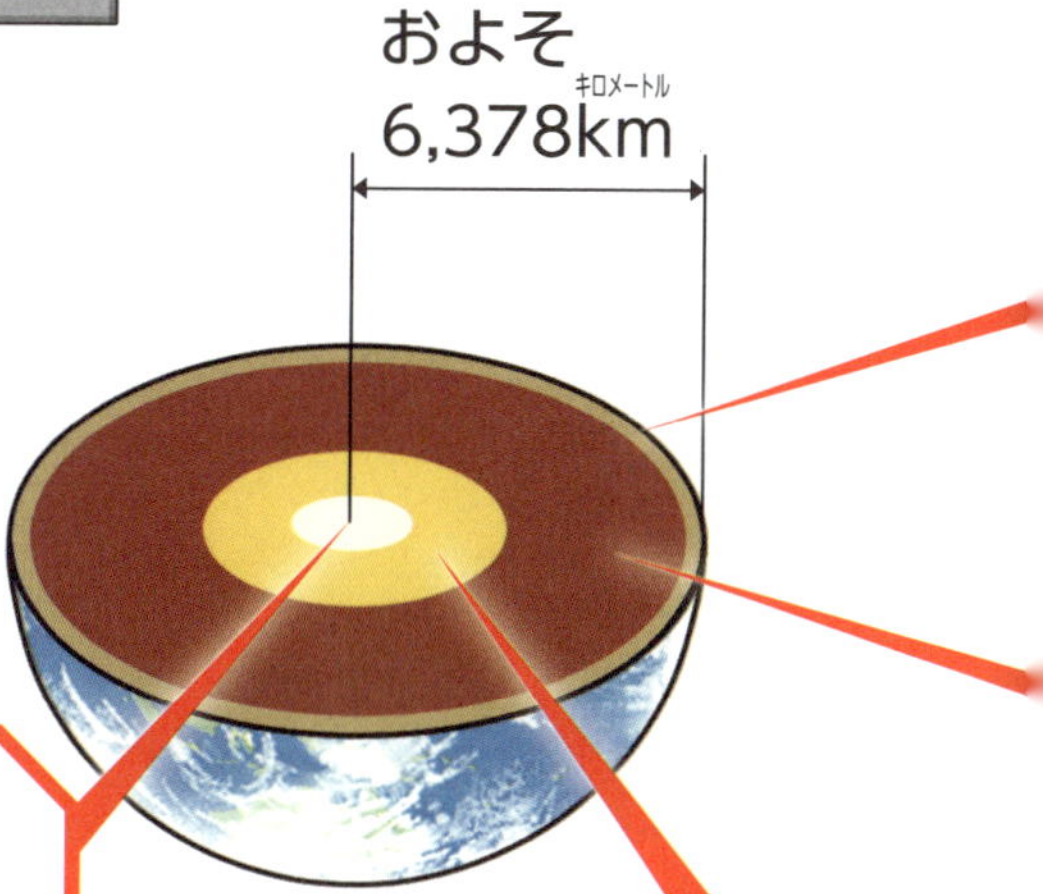

●内《ない》かく

地《ち》きゅうの　いちばん　中心《ちゅうしん》の部分《ぶぶん》。とても　かたい　あついてつで　できて　いると　考《かんが》えられている。5,000度《ど》を　こえる　ことも　あると　言《い》われている。

●外《がい》かく

マントルの　もっとおくに　ある　ところ。とても　あつく　ドロドロに　なって　いる。

どうして 空《そら》は 青《あお》いの？

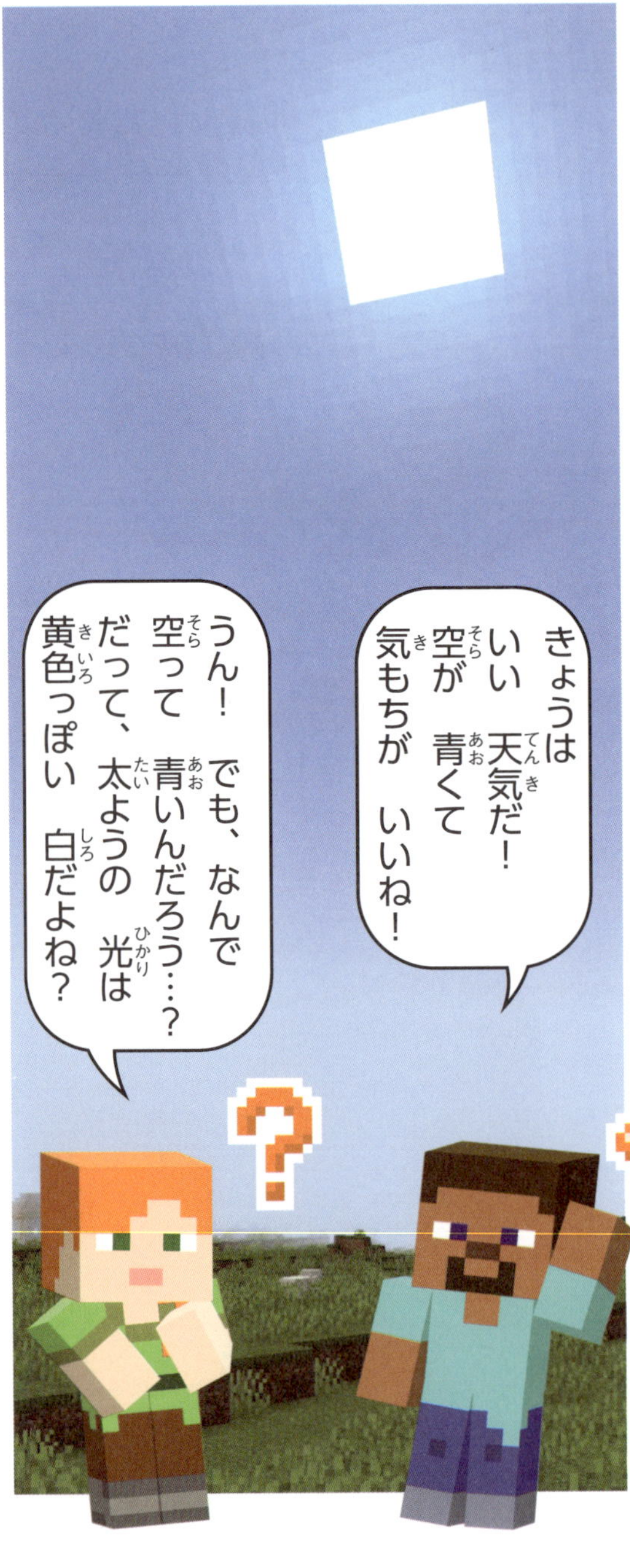

きょうは いい 天気《てんき》だ！ 空《そら》が 青《あお》くて 気《き》もちが いいね！
うん！ でも、なんで 空《そら》って 青《あお》いんだろう…？ だって、太《たい》ようの 光《ひかり》は 黄色《きいろ》っぽい 白《しろ》だよね？

太《たい》ようの　光《ひかり》は、黄色《きいろ》がかった　白《しろ》い　色《いろ》ですね。では、なぜ　空《そら》は　青《あお》く　見《み》えるのでしょうか。
白《しろ》い　光《ひかり》は、たくさんの　色《いろ》の　光《ひかり》が　まざって　できています。にじを　見《み》た　ことが　ありますか？　にじは、光《ひかり》が　空気中《くうきちゅう》の　水《みず》の　つぶに　あたって、「赤《あか》、オレンジ、黄色《きいろ》、みどり、青《あお》、あい色《いろ》、むらさき」などに　分《わ》かれて　見《み》える　げんしょうです。このように、白《しろ》い　光《ひかり》は　いろいろな　色《いろ》が　まざって　いるのです。
太《たい》ようの　光《ひかり》は　地《ち》きゅうの　まわりに　ある　ぶあつい　空気《くうき》の　そうを　通《とお》って、わたしたちに　とどきます。空気《くうき》

の中《なか》には　何《なに》も　ないようですが、じつは　ほこりや　水《みず》の　つぶなどが、ただよって　います。太《たい》ようの　光《ひかり》が　この　空《くう》気《き》中《ちゅう》の　つぶに　ぶつかると、光《ひかり》は　いろいろな　方《ほう》こうに　ちらばります。これを「さんらん」と　いいます。でも、すべての　色《いろ》が　同《おな》じように　ちらばるわけでは　ありません。

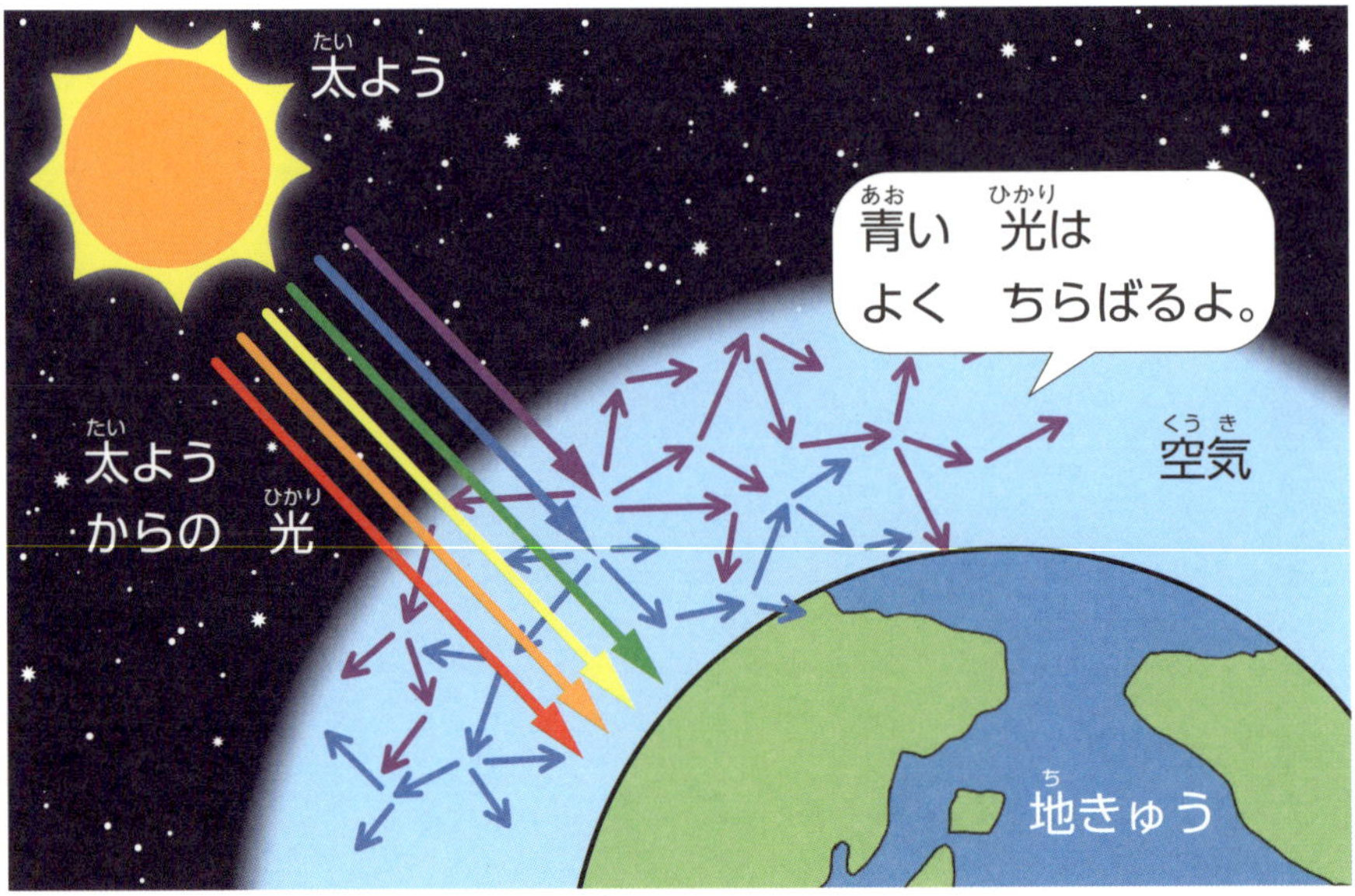

色《いろ》の 中《なか》でも、青《あお》い 光《ひかり》は ほかの 色《いろ》と くらべて、空気《くうき》に ぶつかった ときに とくに よく ちらばります。だから、太《たい》ようの 光《ひかり》が 空《そら》を 通《とお》ると き、青《あお》い 光《ひかり》が あちこちに 広《ひろ》がって、空《そら》が 青《あお》く 見《み》えるのです。

光《ひかり》が つぶに あたる ところ、見《み》えるかなぁ？
目《め》に 見《み》えない くらい 小《ちい》さいんだって！

どうして 風《かぜ》が ふくの？

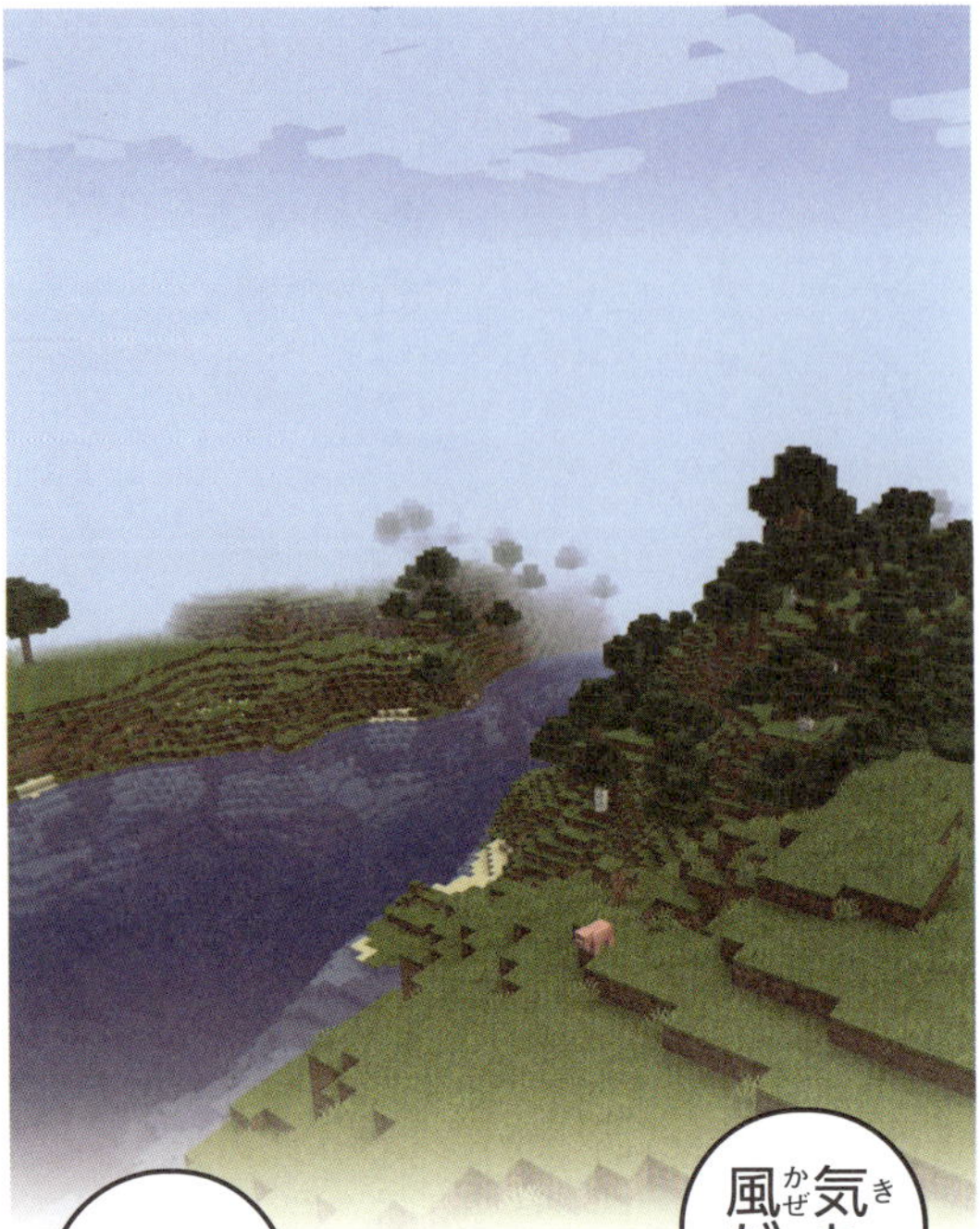

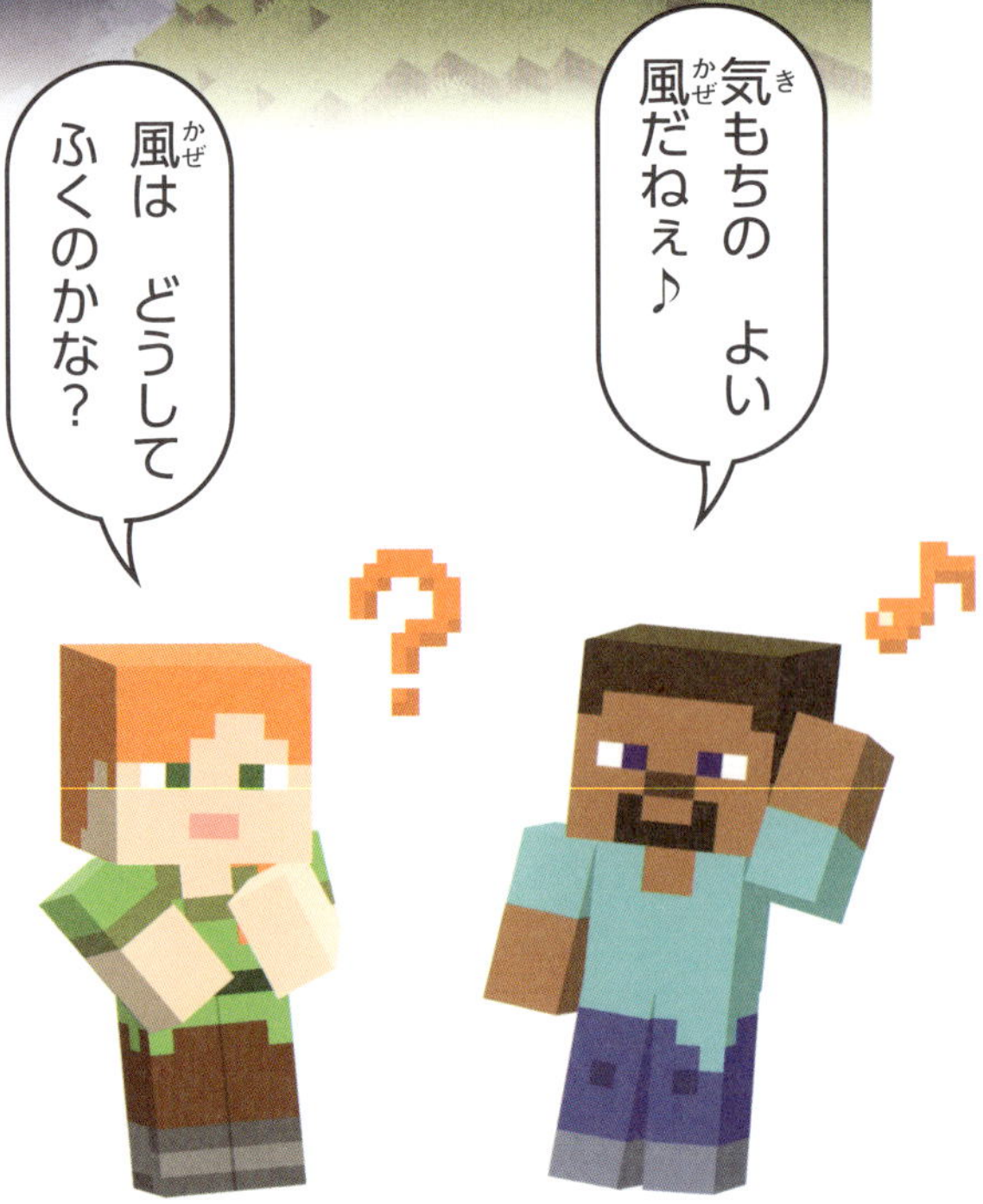
気《き》もちの よい 風《かぜ》だねぇ♪
風《かぜ》は どうして ふくのかな？

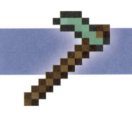

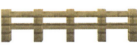

風《かぜ》が　ふくと　いう　ことは、かんたんに　いうと　空気《くうき》が　うごく　こと　です。

わたしたちが　すんで　いる　地《ち》きゅうは、空気《くうき》に　おおわれて　います。この　空気《くうき》は　目《め》で　見《み》る　ことは　できませんが、あたたかく　なると　ふくらんで、かるく　なります。ぎゃくに　さむく　なると　ちぢんで、おもく　なります。

太《たい》ようの　光《ひかり》で　あたたまった　空気《くうき》は、かるく　なって　上《うえ》に　のぼります。いっぽう、空《そら》の　上《うえ》の　ほうで　つめたく　なった　空気《くうき》は、おもく　なって　下《した》に　おりて　きます。この　とき、のぼった　空《くう》気《き》の　あとには　まわりから　べつの　空《くう》気《き》が　ながれこんで　きます。おりて　きた　空《くう》気《き》の　あとにも、まわりの　空《くう》気《き》が　ながれこんで　きます。

このように、空《くう》気《き》が　あたためられたり　ひやされたりして　うごく　ことで、わたしたちは　風《かぜ》を　かんじるのです。

●風《かぜ》の　ふく　しくみ

夕日《ゆうひ》は　なぜ　赤《あか》いの？

きれいな
夕日《ゆうひ》だなあ
昼《ひる》の　空《そら》の　色《いろ》は
青《あお》いけど、
夕方《ゆうがた》に　なると　なぜ
赤《あか》く　なるのかな？

どうして 夕方《ゆうがた》の 空《そら》は 赤《あか》く なるのでしょう？

それは、太《たい》ようが しずむ とき、太《たい》ようの 光《ひかり》が 昼《ひる》よりも もっと 遠《とお》い 道《みち》のりを 通《とお》って、わたしたちに とどくからです。

光《ひかり》は、さまざまな 色《いろ》が あつまって 白《しろ》い 色《いろ》を しています。昼間《ひるま》は ちらばりやすい 青《あお》い 光《ひかり》によって、空《そら》が 青《あお》く なります。（くわしくは 82ページを 見《み》てください。）

夕方《ゆうがた》に なると 太《たい》ようの 光《ひかり》は 長《なが》い 道《みち》を 進《すす》むため、青《あお》い 光《ひかり》は ちっ

てしまい、わたしたちにとどく前《まえ》に　見《み》えにくくなってしまいます。赤《あか》やオレンジ色《いろ》の　光《ひかり》は、ちらばりにくいので、夕方《ゆうがた》は　青《あお》い　光《ひかり》よりも　赤《あか》や　オレンジ色《いろ》の　光《ひかり》が強《つよ》く　見《み》えるのです。

だから、夕方《ゆうがた》の　空《そら》は赤《あか》くなるのです。

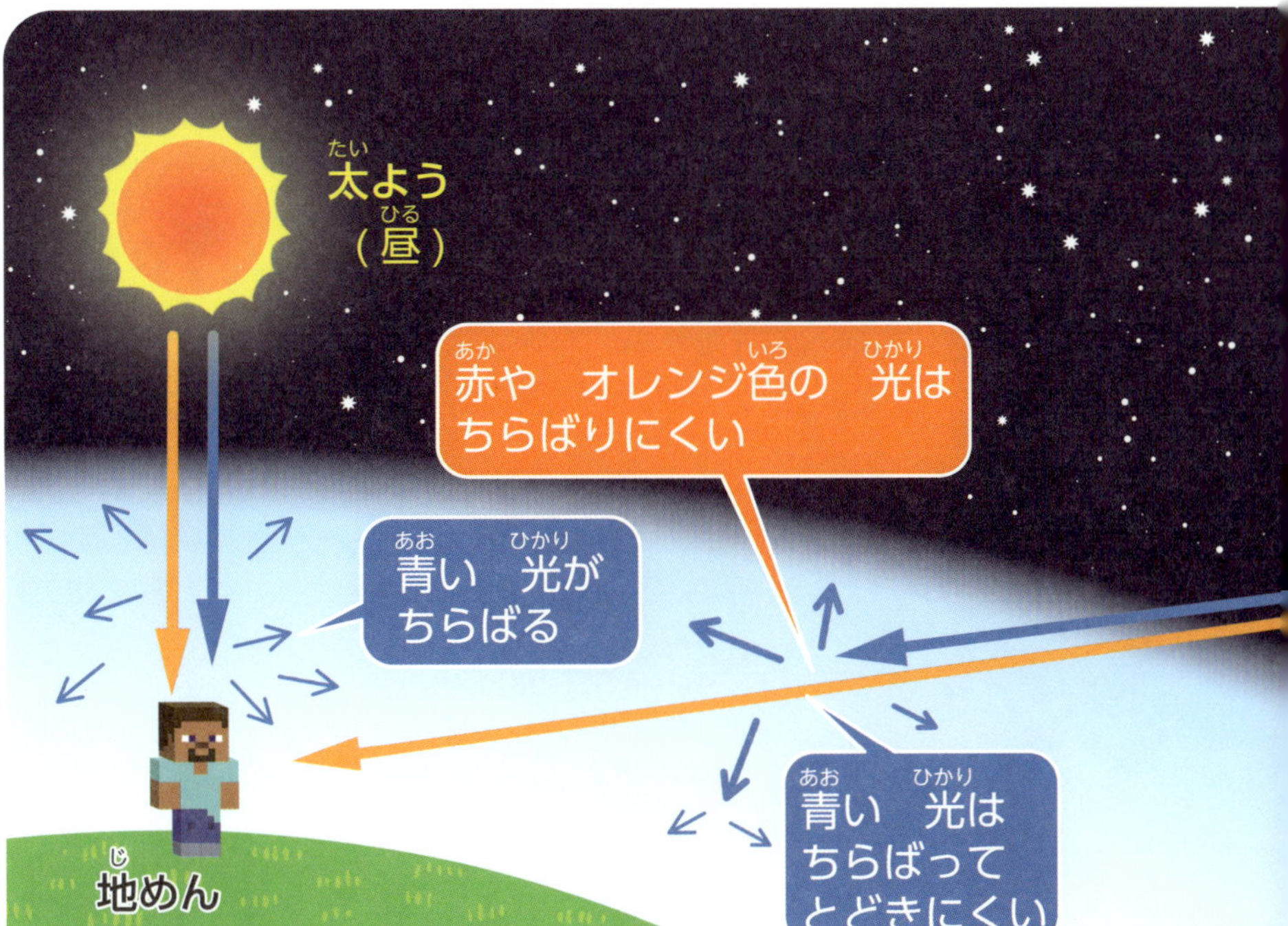

月《つき》は　なぜ　形《かたち》が　かわるの？

きょうの　月《つき》は
満月《まんげつ》だね！
きれいだな♪
でも、月《つき》って
なぜ　形《かたち》が
かわるのかな？

月《つき》は　地《ち》きゅうの　まわりを　まわって　います。月《つき》の　形《かたち》が　かわるのは、地《ち》きゅう、月《つき》、太《たい》ようの　ならびかたが　かわるからです。月《つき》は　いつも　まるい　形《かたち》を　して　いますが、わたしたちが　見《み》る　ことが　できるのは、太《たい》ようの　光《ひかり》が　あたって　いる　部分《ぶぶん》だけです。そのため、見《み》える　形《かたち》が　かわるのです。

月《つき》は　自分《じぶん》で　光《ひかり》を　出《だ》して　いる　わけでは　ありません。太《たい》ようの　光《ひかり》が　あたって　いる　部分《ぶぶん》を、月《つき》の　形《かたち》として　わたしたちは　見《み》て　いるのです。

満月《まんげつ》

●月《つき》の　みちかけ

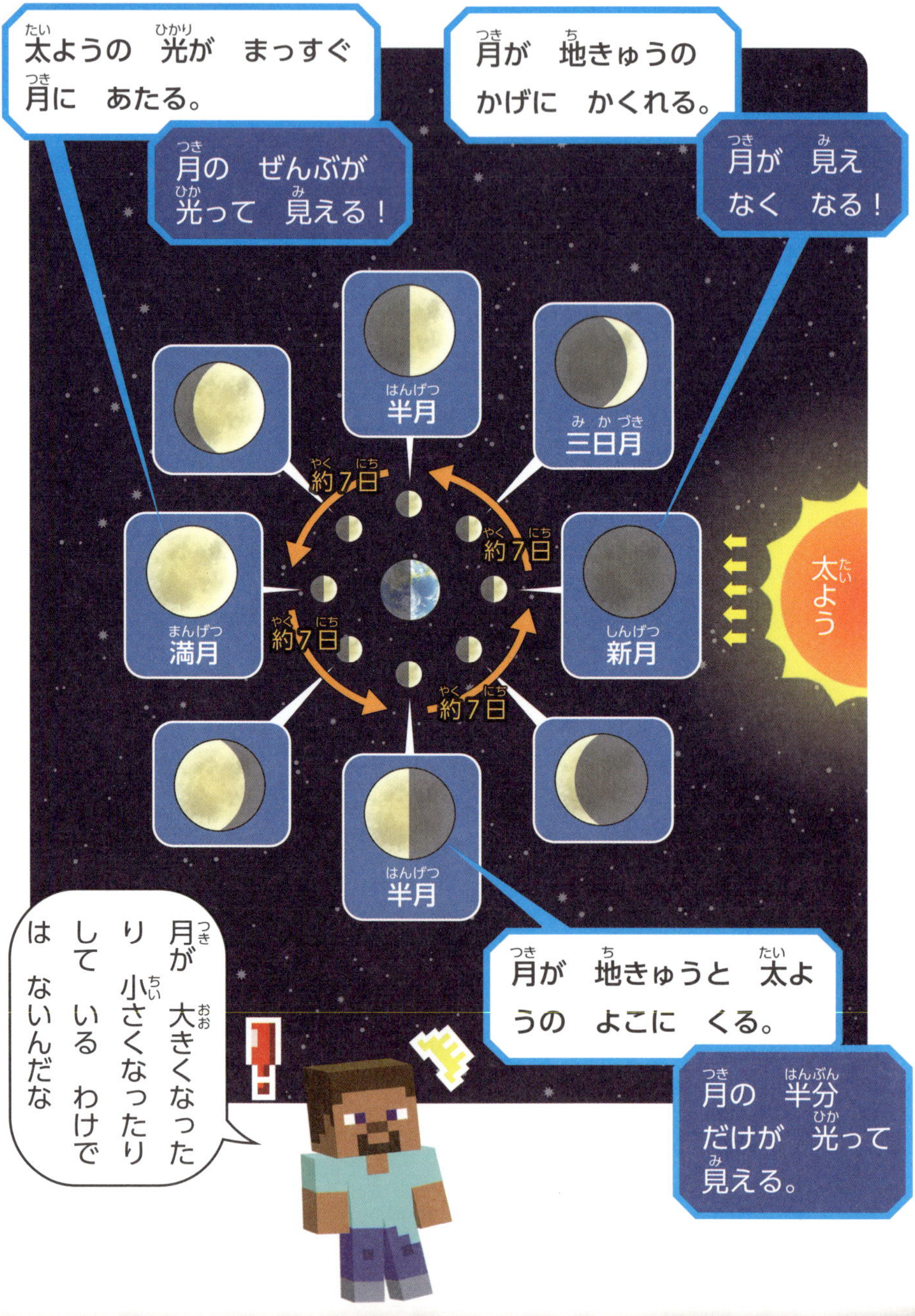
太《たい》ようの　光《ひかり》が　まっすぐ　月《つき》に　あたる。
月《つき》の　ぜんぶが　光《ひか》って　見《み》える！
月《つき》が　地《ち》きゅうの　かげに　かくれる。
月《つき》が　見《み》え　なく　なる！
半月《はんげつ》
三日月《みかづき》
約《やく》7日《にち》
約《やく》7日《にち》
満月《まんげつ》
新月《しんげつ》
太《たい》よう
約《やく》7日《にち》
約《やく》7日《にち》
半月《はんげつ》
月《つき》が　地《ち》きゅうと　太《たい》ようの　よこに　くる。
月《つき》の　半分《はんぶん》だけが　光《ひか》って　見《み》える。
月《つき》が　大《おお》きくなったり　小《ちい》さくなったりして　いる　わけでは　ないんだな

月《つき》が　地《ち》きゅうを　一《いっ》しゅう　するのに　かかる時間《じかん》は、だいたい　三十日《さんじゅうにち》です。この　間《あいだ》に、月《つき》の形《かたち》は、「新月《しんげつ》」「半月《はんげつ》」「満月《まんげつ》」と　かわって　いきます。この　くりかえしを「月《つき》の　みちかけ」とよびます。

夜空《よぞら》を　見《み》て、「きょうの　月《つき》は　どんな　形《かたち》かな？」と　かんさつして　みて　ください。きのうと　くらべて　どれだけ　形《かたち》が　かわったかを　しらべると、月《つき》が　どのように　うごいて　いるのかが　よく　分《わ》かります。

どうして　いろいろな　石《いし》が　あるの？

わおー　いろんな　”こうせき“だ！
たくさん　とろう！
でも、なぜ　いろんな　しゅるいの　石《いし》が　あるんだろうね？

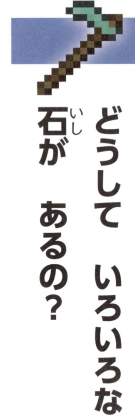

石《いし》には、いろいろな　しゅるいが　あります。たとえば、色《いろ》の　ちがいや　かたさの　ちがい、さわった　ときの　かんじ、おもさ、もようの　ちがい　などが　ありますね。

どうして、石《いし》には　ちがいが　あるのでしょうか。それは、石《いし》の　できかたで　いろいろな　しゅるいに　分《わ》かれるからです。石《いし》が　どうやって　できたのかに　よって、色《いろ》や　かたさ、なめらかさが　ちがって　くるのです。

しんせい岩《がん》

たいせき岩《がん》

へんせい岩《がん》

見《み》た目《め》も　かたさも　いろいろ！

岩《いわ》や　石《いし》を、まとめて　岩石《がんせき》と　いいます。岩《いわ》は　大《おお》きな石《いし》の　ことですね。岩石《がんせき》には　大《おお》きく　分《わ》けると、左《ひだり》の　三《みっ》つの　しゅるいが　あります。

へんせい岩《がん》

へんせい岩《がん》は、かせい岩《がん》やたいせき岩《がん》が、地下《ちか》の　あつい　ねつや、上《うえ》からの　おもさの　力《ちから》で、形《かたち》や　せいしつが　かわったもの。

岩石《がんせき》の　でき方《かた》

かせい岩《がん》

マグマから　できた　石《いし》。火山《かざん》が　ふん火《か》して　マグマが　外《そと》に　ふき出《だ》したあと、ひえてかたまったり、地下《ちか》で　ゆっくり　ひえたりして　できる。

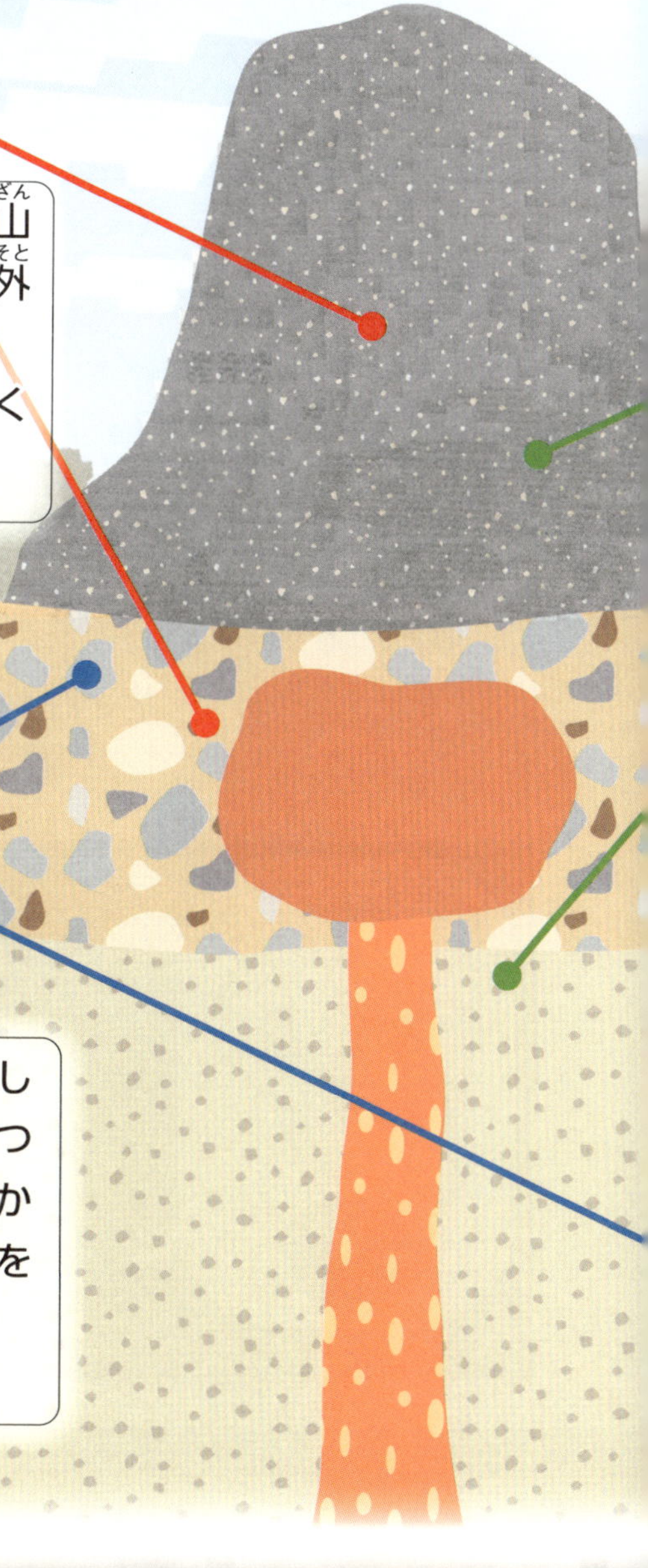

たいせき岩《がん》

どろや　すな、小《ちい》さい　石《いし》、しんだ　どうぶつや　しょくぶつから　できた　石《いし》。何百万年《なんびゃくまんねん》から　何《なん》おく年《ねん》と　長《なが》い　時間《じかん》をかけて、上《うえ》からの　おもさでかたまったもの。

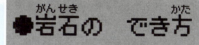

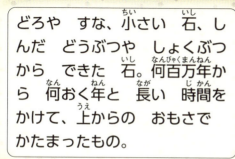

ダイヤモンドは　えんぴつの　しん？

ダイヤモンドは、「たんそ」という　ぶっしつの　かたまりです。えんぴつの　しんの　げんりょうの「黒《こく》えん」も、同《おな》じ　たんその　かたまりです。でも、ダイヤモンドとえんぴつの　しんでは、見《み》た目《め》がまったく　ちがいますね。それは、できかたが　ちがうから　なのです。

ダイヤモンドは、地《ち》きゅうの　マ

だから
〝ダイヤモンド
こうせき〟は
ふかいところに
あるんだ！

ントルという　とても　ふかい　ところで　生《う》まれます。この　場《ば》しょは、地《ち》きゅうの　中心《ちゅうしん》から　150～200キロメートルくらいの　ところです。この　場《ば》しょは　とても　あつくて、地上《ちじょう》からの　おもさで　おさえつけられています。

マントルの　中《なか》で　たんそに　とても　高《たか》い　ねつと　おもい　力《ちから》が　かかると、黒《こく》えんが　ダイヤモンドの　形《かたち》に　なります。

ダイヤモンドは　火山《かざん》の　かつどうなどで、地《ち》きゅうのひょうめんに　長《なが》い　時間《じかん》を　かけて　出《で》てきます。

●地《ち》きゅうの　中《なか》

かがくじっけん ～やってみよう！～

糸《いと》電《でん》話《わ》で 話《はな》してみよう

【ようい するもの】

○紙《かみ》コップ 二《ふた》つ
○たこ糸《いと》 50センチ
○つまようじ 2本《ほん》
○テープ

【やり方《かた》】

① つまようじで 紙《かみ》コップの そこに あなを あける。

② あなに たこ糸《いと》を 通《とお》して、コップの 中《なか》で たこ糸《いと》と つまようじを むすぶ。

③ 紙《かみ》コップの そこで つまようじを テープで とめる。もう かた方《ほう》も 同《おな》じ ように する。

④ たこ糸《いと》が ぴんと はるように して、二人《ふたり》で 話《はなし》を する。

たこ糸《いと》を 長《なが》く して やってみよう！ どの 長《なが》さまで 聞《き》こえるかな？

生《せい》活《かつ》のふしぎ

かぜを ひくと どうして ねつが 出《で》るの？

うーん
かぜひいた…

あー よく ねた！
アレックス、
まだ ねて いるのか…
いつもは 早《はや》おき
なのに…

かぜを　ひくと　ねつが　出《で》るのは、体《からだ》が　びょう気《き》の　もとに　なる　ばいきんと　たたかって　いるからです。ばいきんは　ひくい　おん度《ど》で　ふえて　いくので、高《たか》い　おん度《ど》に　するのです。そうして、ねつを　出《だ》して　ばいきんが　ふえないように　します。また、ばいきんは　四十度《よんじゅうど》ぐらいで、やっつけられます。

また、体《からだ》の　おん度《ど》が　上《あ》がる　ことで、ばいきんを　やっつける　白《はっ》けっきゅうが　元気《げんき》に　なります。

このように　ねつを　出《だ》す　ことで、体《からだ》が　ばいきんを　やっつけようと　がんばって　いるのですね。

●ねつが　出《で》る　しくみ

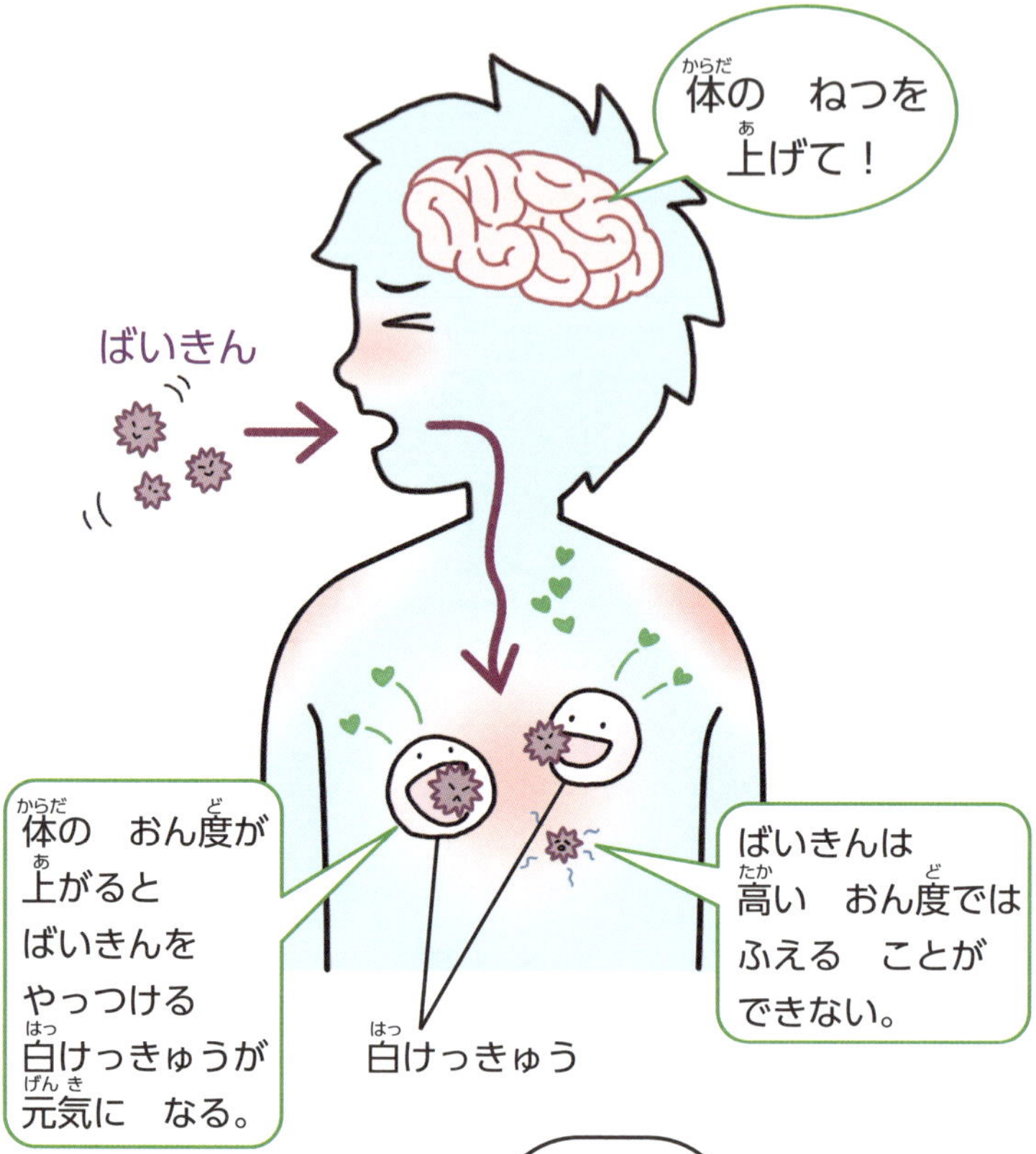

体《からだ》の　ねつを
上《あ》げて！
ばいきん
体《からだ》の　おん度《ど》が
上《あ》がると
ばいきんを
やっつける
白《はっ》けっきゅうが
元気《げんき》に　なる。
ばいきんは
高《たか》い　おん度《ど》では
ふえる　ことが
できない。
白《はっ》けっきゅう

こうやって
体《からだ》を　まもって
くれるんだね

しょうゆは　何《なに》で　できて　いるの？

さて、きょうも ばんごはんを つくるか！
しょうゆは かかせないね！ ところで しょうゆって 何《なに》で　できて いるの？

しょうゆは、いろいろな 食《た》べものを おいしく して くれる ちょうみりょうです。しょうゆの おもな ざいりょうは、だいずと いう まめです。だいずは、しょうゆの もとに なる だいじな ざいりょうです。だいずを むしたり、ほかの ざいりょうと まぜて、一年《いちねん》ほど かけて ようやく かんせいします。

しょうゆは とても むかしから つかわれて いるよ! 今《いま》、外国《がいこく》でも 「ソイソース」として 人気《にんき》だね!

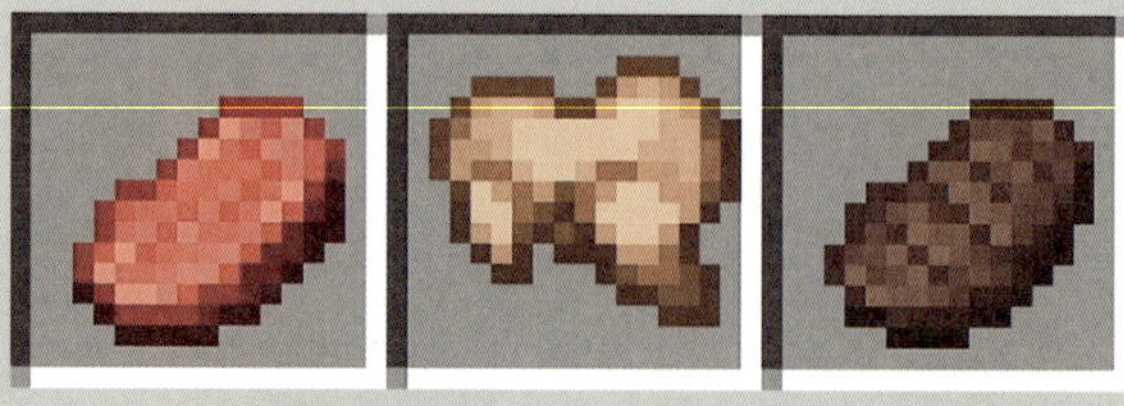
お肉《にく》 りょうりにも 大《だい》かつやく!

これも　だいずで　できたもの！

だいずは、ほかにも　いろいろな
食《た》べものの　もとに　なって　います。

みそ

とうふ

なっとう

きなこ

体《からだ》を　つくる
えいようが
いっぱいだよ！
たくさん
食《た》べよう！

どうして くしゃみが 出《で》るの？

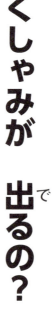

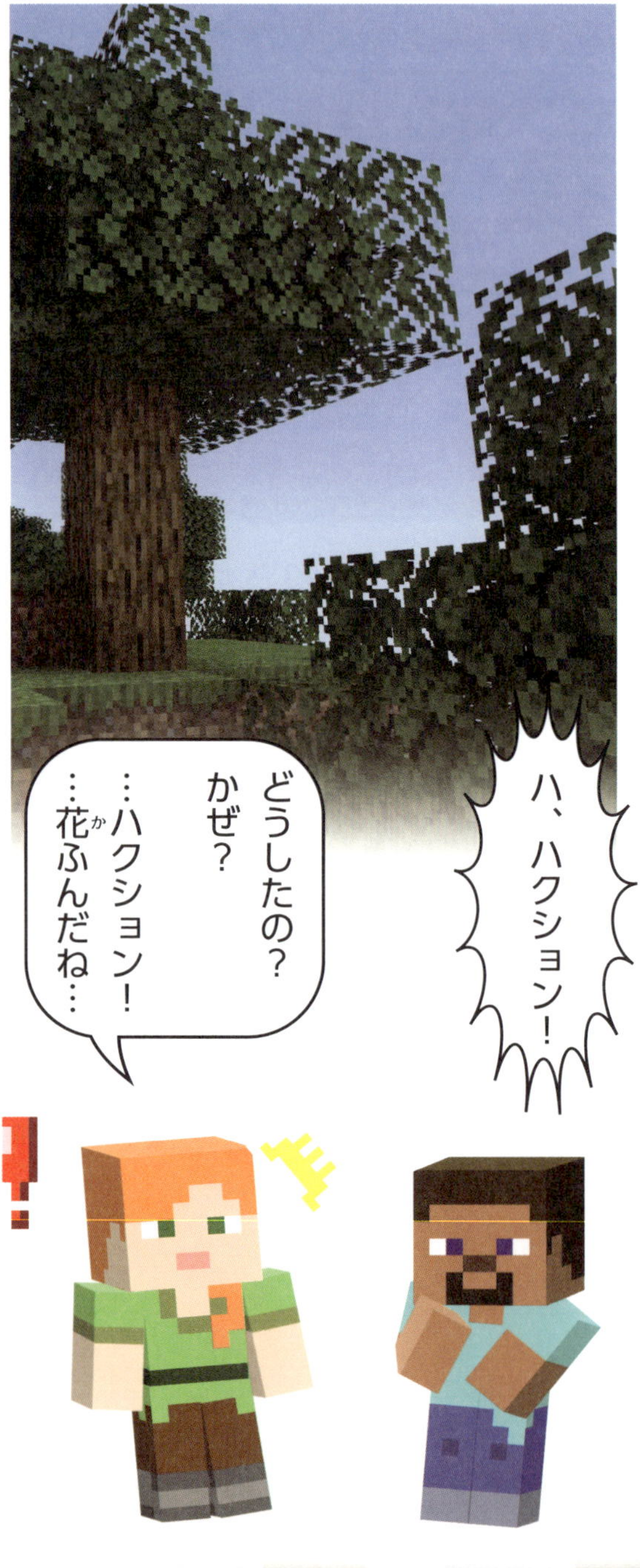
ハ、ハクション！
どうしたの？
かぜ？
…ハクション！
…花《か》ふんだね…

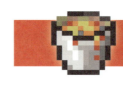

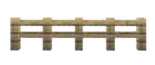

くしゃみは、体《からだ》が「いらない　ものを　外《そと》に　出《だ》そう！」と　する　ために　おきます。はなは、空気《くうき》を　体《からだ》の　中《なか》に　すいこむ　入《い》り口《ぐち》の　やく目《め》を　して　います。でも、空気《くうき》の　中《なか》には、ほこりや　ばいきんなどが　まざって　いる　ことが　あります。それを　体《からだ》に　すいこんで　しまうと、びょう気《き》に　なる　ことが　あるので、ゴミを　できるだけ　とりのぞいてから　空気《くうき》を　体《からだ》に　とり入《い》れます。

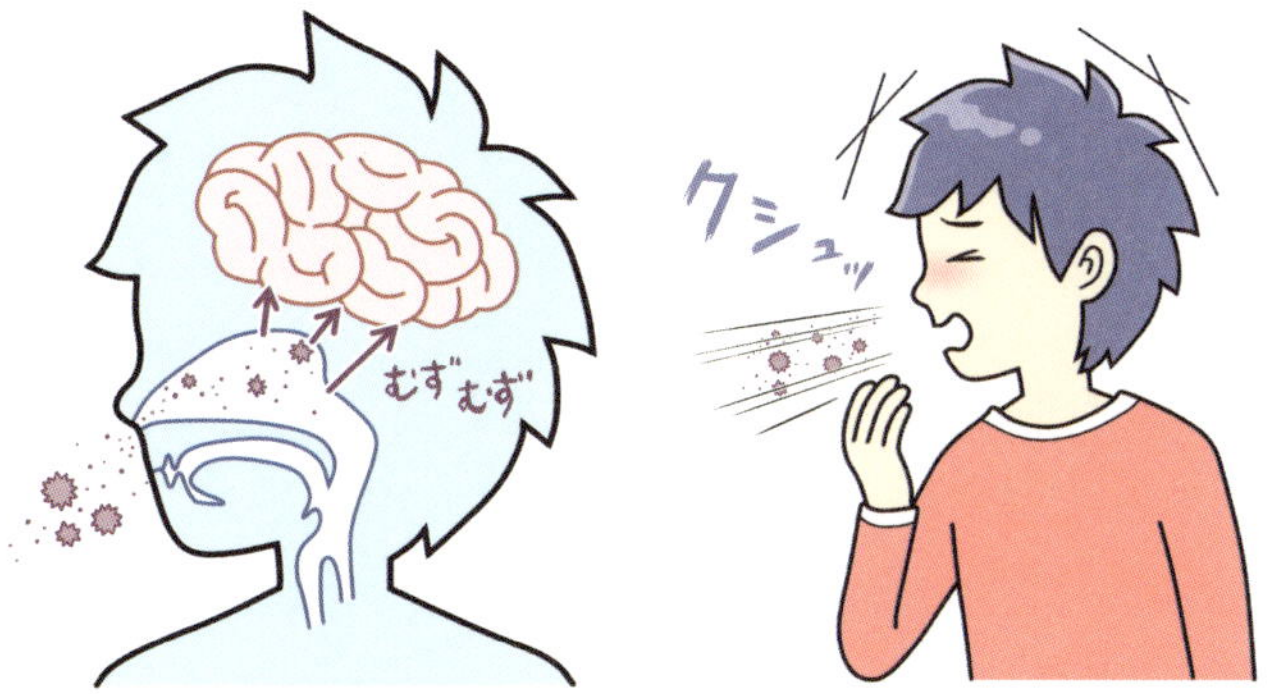

まず、はなの　中《なか》に　ある　毛《け》は、大《おお》きな　ゴミが　中《なか》に入《はい》らないように　ふせいで　います。また、はなの　中《なか》は　ぬれて　いて、小《ちい》さな　ゴミや　ほこりを　くっつけて　とりのぞく　はたらきが　あります。これらの　はたらきの　おかげで、きれいな　空気《くうき》を　体《からだ》に　すいこむ　ことが　できます。

でも、ときどき　小《ちい》さな　ゴミが　はなの　中《なか》に　ある　だいじな　部分《ぶぶん》を　さわって、くすぐったく　なる　ことが　あります。すると、体《からだ》が「この　ゴミを　外《そと》に　出《だ》さなくちゃ！」と　考《かんが》えて、おもいきり　いきを　ふき出《だ》します。これが、「くしゃみ」です。

AI《エーアイ》って　何《なに》？

村人《むらびと》　はっ見《けん》！　何《なに》か　言《い》って　いるけど　ことばが　分《わ》からないよ
なんて　言《い》って　いるか　分《わ》かる　と　いいね

AI《エーアイ》は、「人《じん》こうちのう」の ことです。コンピューターが しんぽした おかげで、AI《エーアイ》は自分《じぶん》で 学《まな》べるようになりました。

この 学《まな》ぶ しくみが、今《いま》の AI《エーアイ》の 中心《ちゅうしん》に なって いる「きかい学習《がくしゅう》」と いう ぎじゅつです。

ゲーム

ゲームの 相手《あいて》を する。いごでは、人間《にんげん》より強《つよ》い AI《エーアイ》も ある。

文章《ぶんしょう》や イラストの さくせい

人間《にんげん》の しじに したがって、文章《ぶんしょう》や イラストを つくる。

●AI《エーアイ》で　できる　こと

じどう　うんてん

人《ひと》が　車《くるま》を　うんてんしなくても　じどうで　走《はし》ることが　できる。

がぞうしんだん

ふむふむ

けんこうか　どうか　しらべて、おいしゃさんの　サポートを　する。

ほんやく

こんにちは
ハロー

たとえば、日本語《にほんご》を　えい語《ご》に、えい語《ご》を　日本語《にほんご》に、その場《ば》で　音声《おんせい》を　かえる　ことが　できる。

これで　村人《むらびと》とも　話《はなし》が　できるかも！

どうして　ゆめを　見《み》るの？

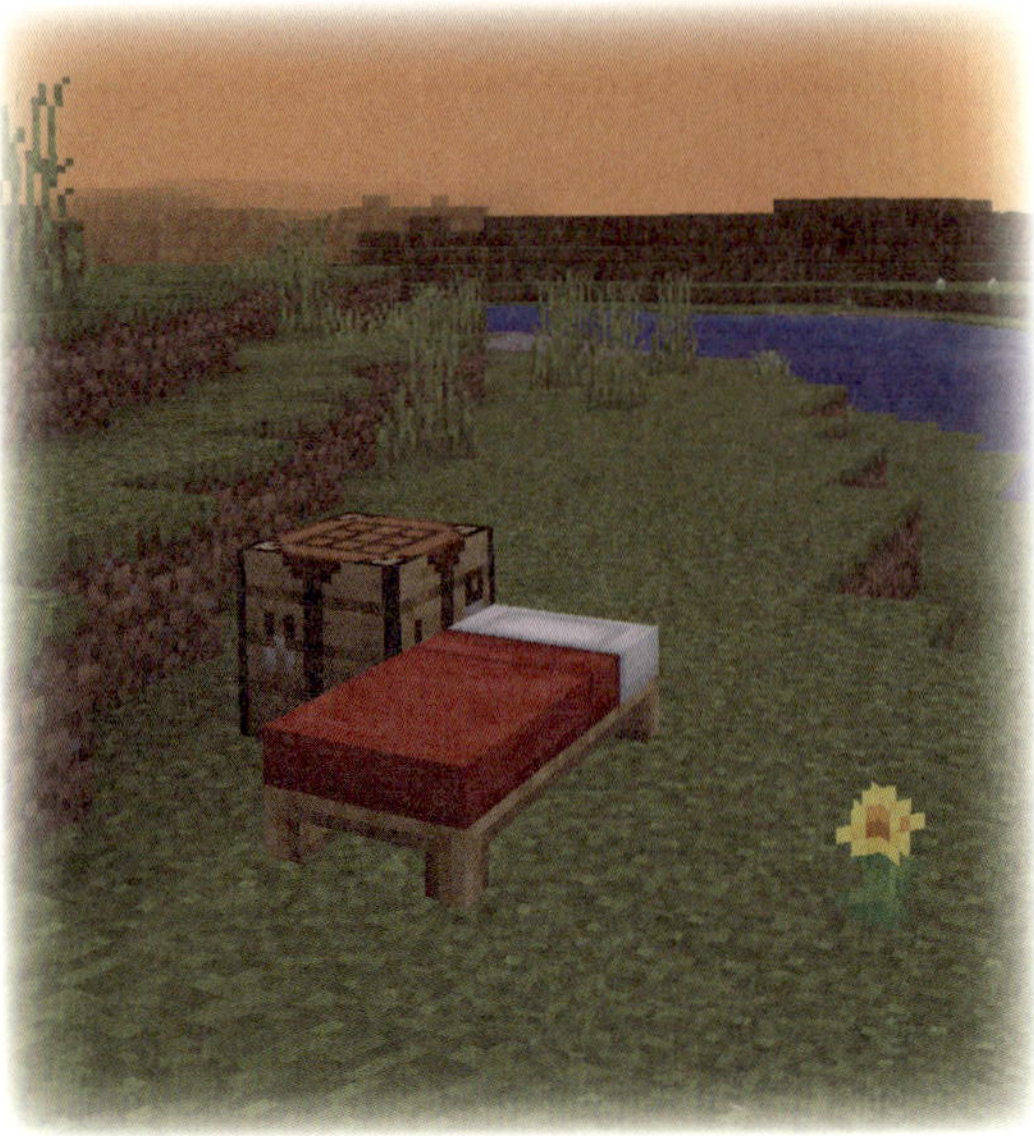

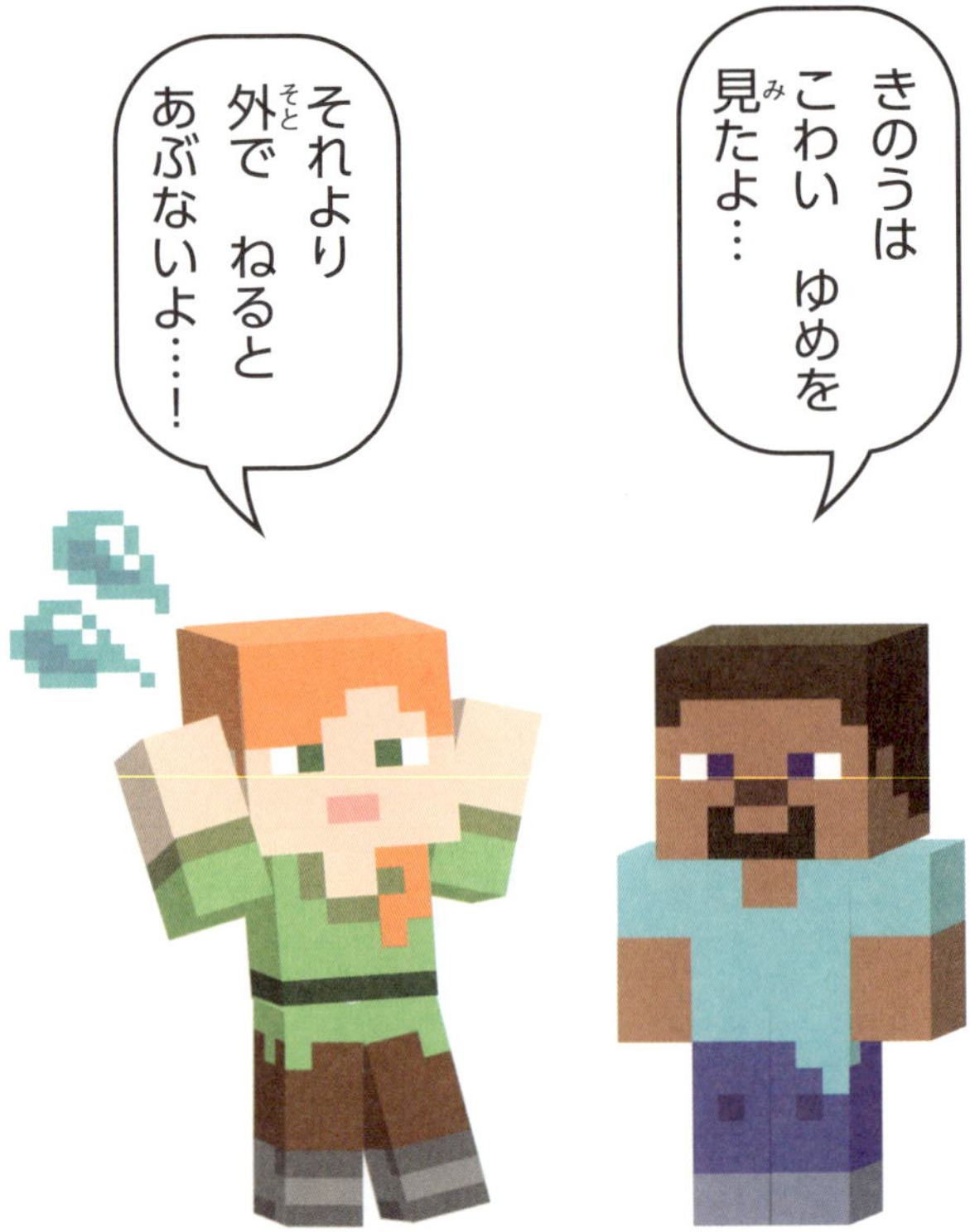
きのうは　こわい　ゆめを　見《み》たよ…
それより　外《そと》で　ねると　あぶないよ…！

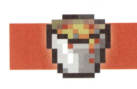

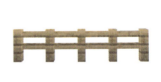

人《ひと》は、ねむって　いる　間《あいだ》、「ふかい　ねむり」と「あさい　ねむり」を　くりかえして　います。ふかい　ねむりでは、心《しん》ぞうの　ドキドキや、いきを　する　はやさが　ゆっくりに　なります。のうは、おぼえた　ことを　しまったり、いらない　ことを　かたづけたりします。これが、のうが　休《やす》んで　いる　じょうたいです。

一方《いっぽう》、あさい　ねむり　では、のうが　おきて　いるので、ねむったまま　目《め》が　きょろきょろと　うごいて　います。この　とき、ゆめを　見《み》ます。

ふかい　ねむり

- のうが　休《やす》んでいる
- ゆめを　見《み》ない

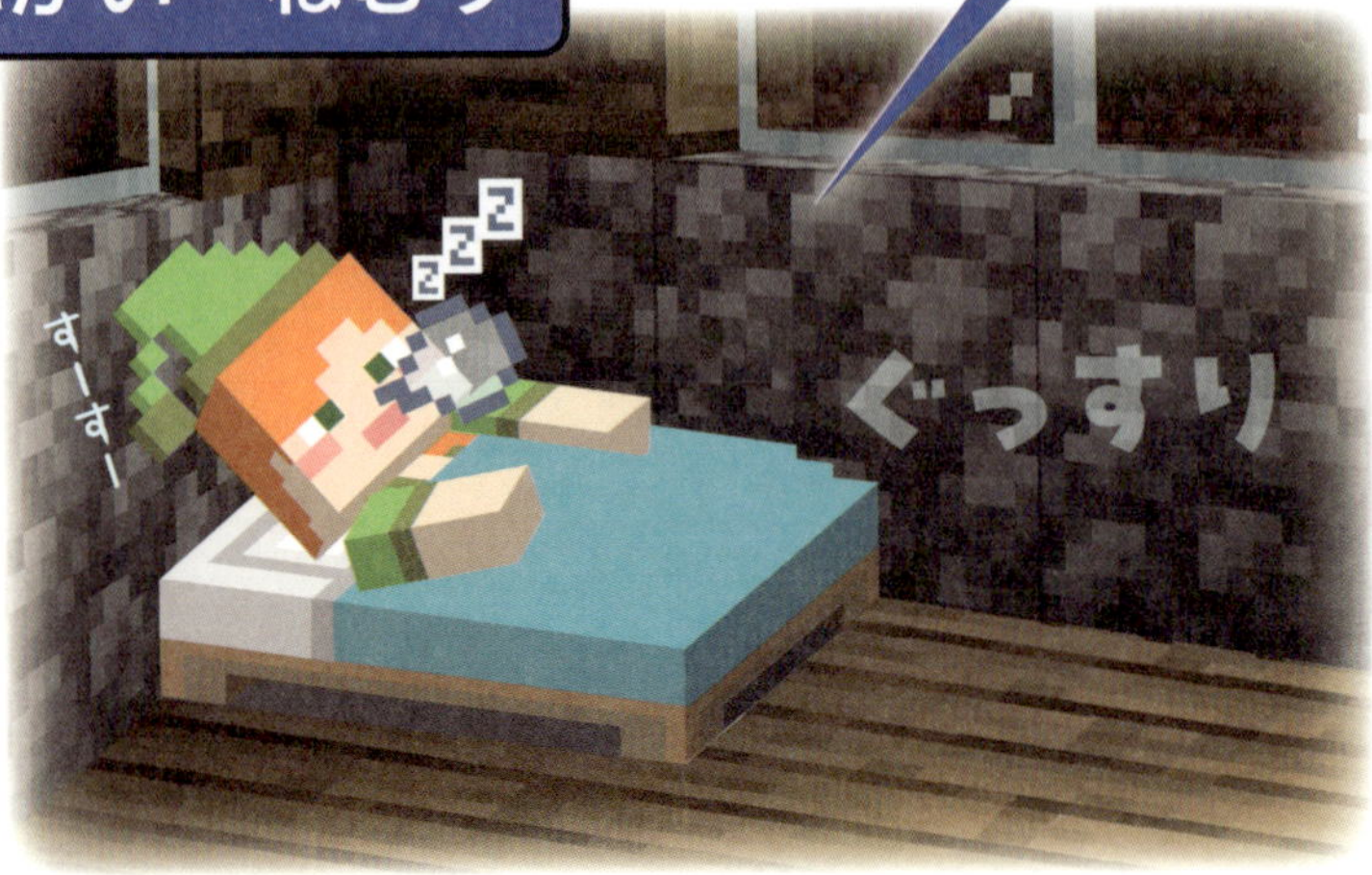

あさい　ねむり

- のうが　かつどうして　いる
- ゆめを　見《み》る

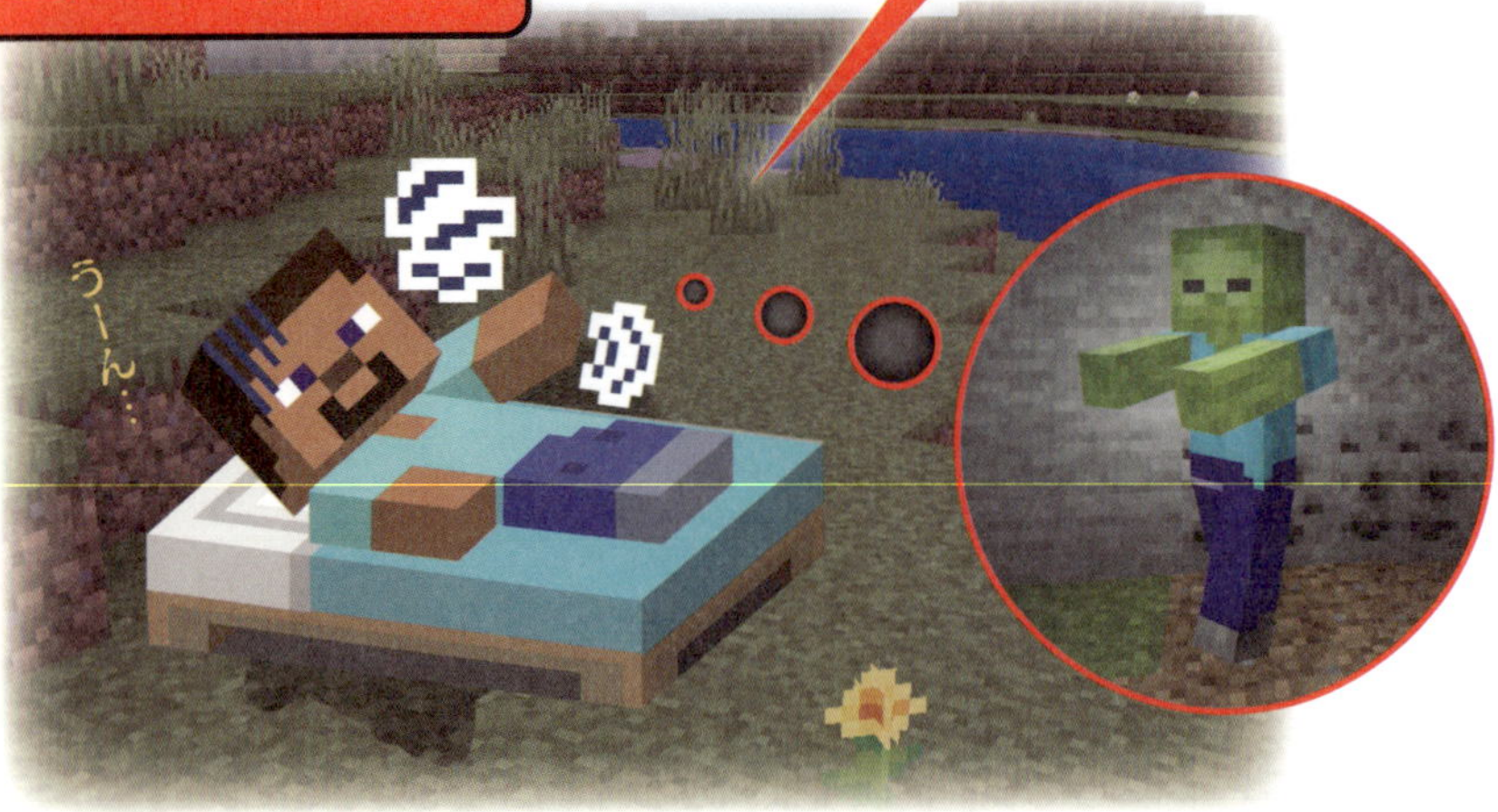

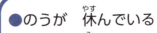

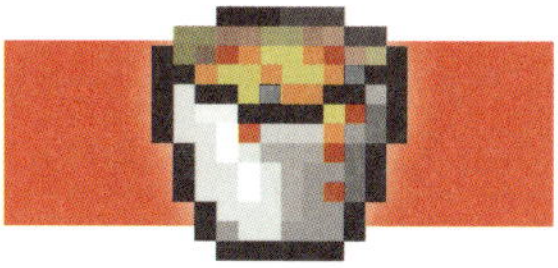

どうして　おなかが　すくの？

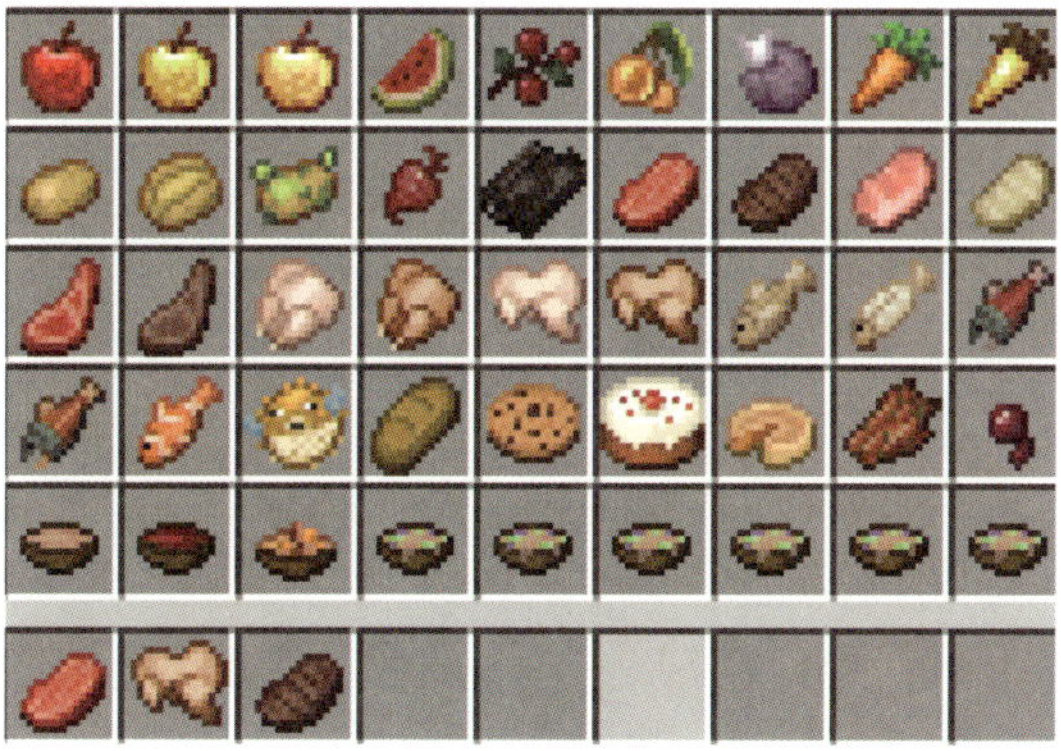

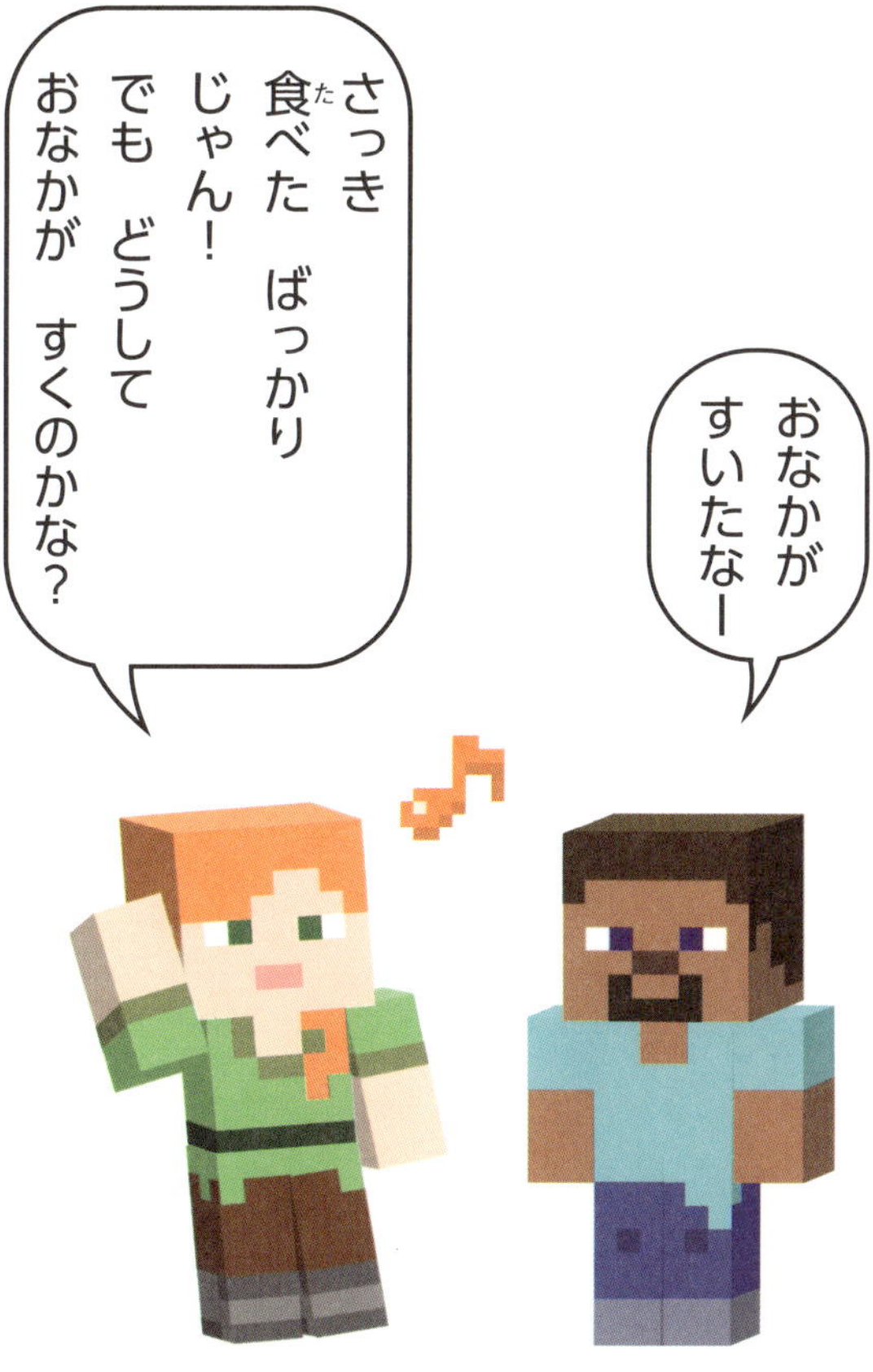
おなかが　すいたなー
さっき　食《た》べた　ばっかり　じゃん！　でも　どうして　おなかが　すくのかな？

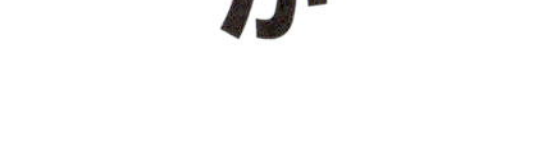

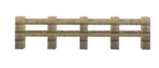

おなかが　すくのは、いの　中《なか》が　からっぽに　なるから
です。でも、「おなかが　すいた！」と　かんじて　いるのは、
おなかではなく　頭《あたま》です。
頭《あたま》には、「おなかが　すいた！」と　つたえる　場《ば》しょが
あります。いが　からっぽに　なると、頭《あたま》が「食《た》べものが　ひ
つようだよ！」と　知《し》らせます。この　知《し》らせで　口《くち》の　中《なか》に
つばが　出《で》て　きたり、いが　うごき　はじめたり　します。
こうして、わたしたちは「おなかが　すいたなあ」と　かん
じるのです。

「おなかが　すいた」とかんじるのは、おなかと　頭《あたま》がいっしょに　はたらいているから　なのです。

おなかが　いっぱいに　なった　ときも、頭《あたま》から　知《し》らせが　出《で》るんだよ！
すると　つばを　出《だ》すのをやめたり、いの　うごきがおそくなったり　するんだ

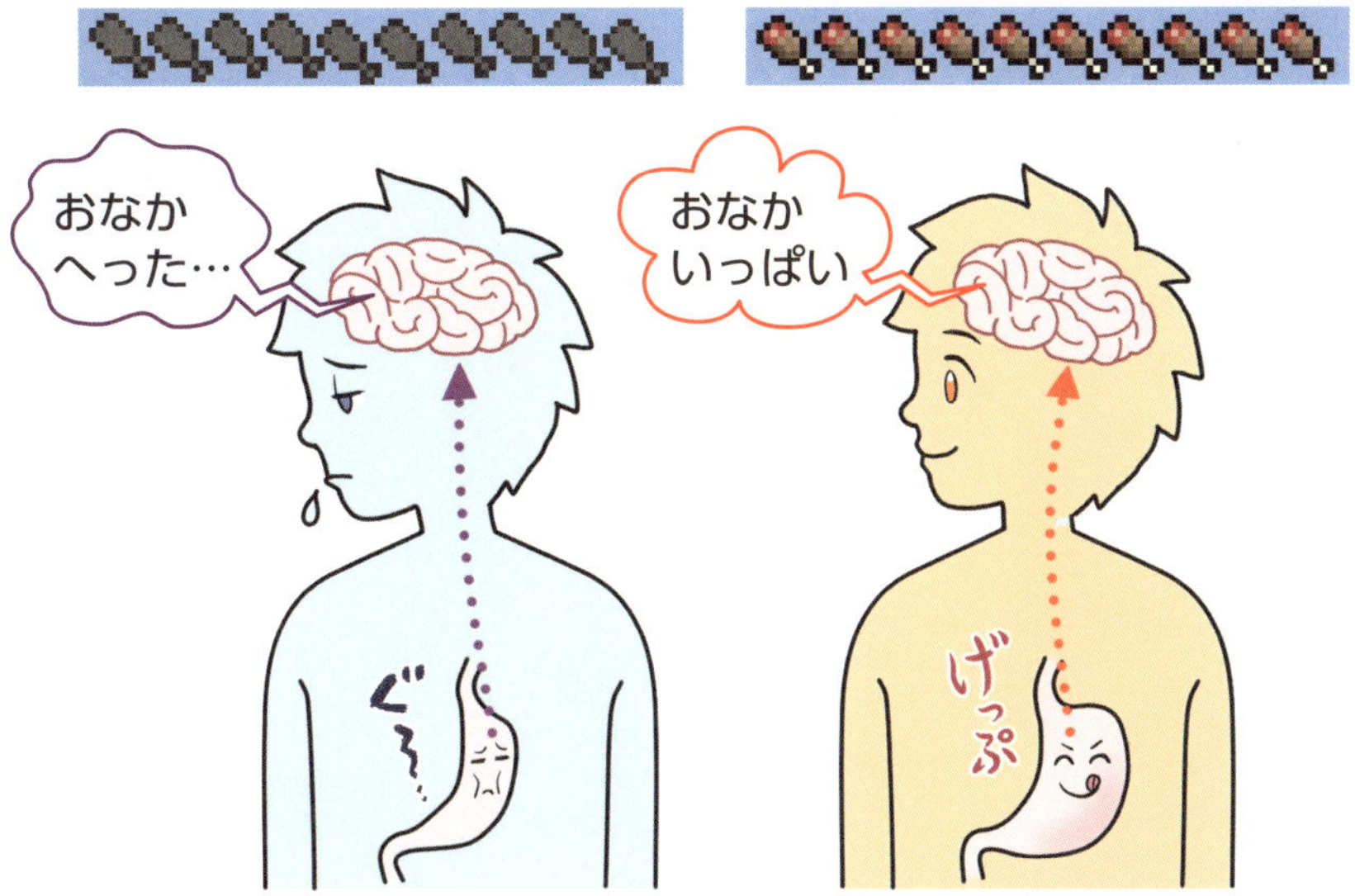

電気《でんき》は　どうやって　つくるの？

レッドストーンかいろで、じどうとびらを　つくったよ！　…あれれ？　うごかない…
レッドストーンって、電気《でんき》なの？　電気《でんき》って　どうやって　つくるの？

電《でん》気《き》は、じ石《しゃく》と　コイルで　つくります。コイルとは、金《きん》ぞくの　線《せん》を　グルグルと　まいた　ものです。コイルの　そばで　じ石《しゃく》を　うごかすと、コイルの　中《なか》に　電《でん》気《き》が　ながれます。

電《でん》気《き》を　たくさん　つくるには、金《きん》ぞくの　線《せん》を　ふやしたり、じ石《しゃく》を　はやく　うごかしたりします。

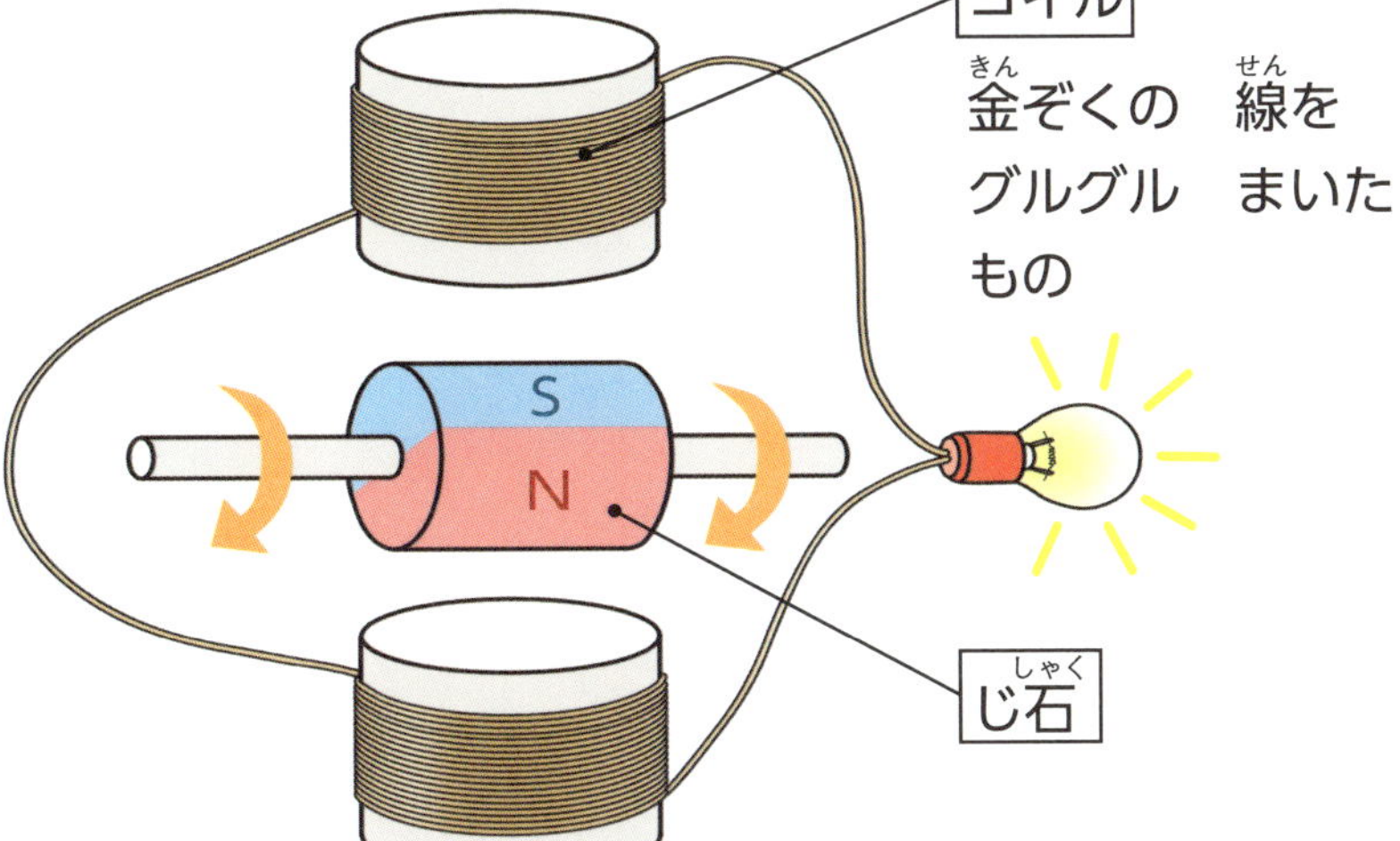

わたしたちの　生活《せいかつ》で　つかう　電気《でんき》は、発電所《はつでんしょ》で　つくられて　います。発電所《はつでんしょ》では、じ石《しゃく》と　コイルが　入《はい》った　発電機《はつでんき》に　つながった　タービンと　いう　羽《はね》を、さまざまな　エネルギーを　つかって　まわして　います。

何《なん》の　力《ちから》で　タービン(羽《はね》)を
まわして　いるのかな？

原子力発電所《げんしりょくはつでんしょ》

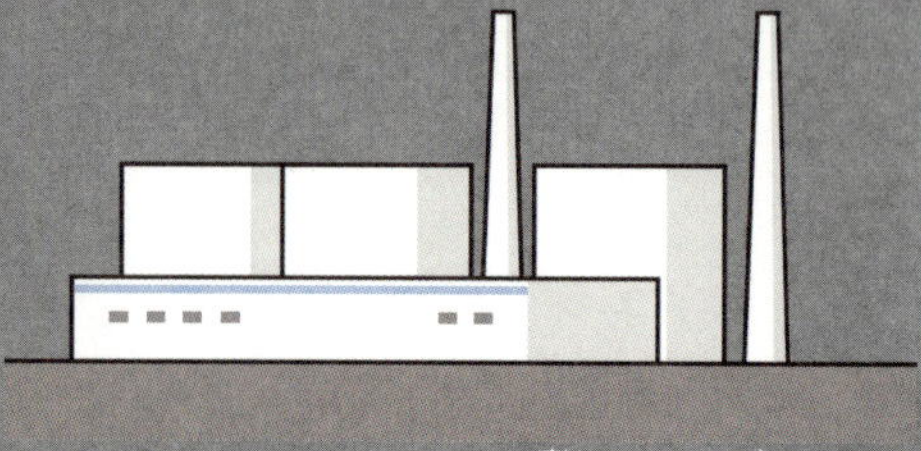

ウランを　つかって　水《すい》じょう気《き》を
つくり、その力《ちから》で　羽《はね》を　まわす。

風力発電所《ふうりょくはつでんしょ》

風《かぜ》で　大《おお》きな　羽《はね》を　まわす。海《うみ》の
上《うえ》に　つくられる　ことも　ある。

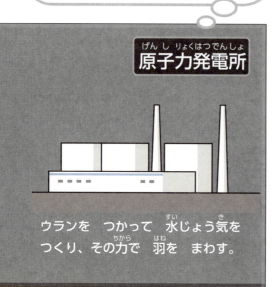

いろいろな　発電所《はつでんしょ》

じょう気《き》の　力《ちから》

火力発電所《かりょくはつでんしょ》

いろんな
エネルギーを
つかって　いるんだね

せきゆや　せきたんなどの　ねんりょうを　もやして　水《すい》じょう気《き》をつくり、その力《ちから》で　羽《はね》を　まわす。

しぜんの　力《ちから》

太《たい》よう光発電《こうはつでん》

羽《はね》を　まわすのでは　なく、太《たい》ようの　光《ひかり》を　電池《でんち》を　つかって　発電《はつでん》する。

水力発電所《すいりょくはつでんしょ》

ダムがある　場《ば》しょで、水《みず》が高《たか》い　ところから　おちる力《ちから》で　水車《すいしゃ》を　まわす。

なぜ　電子《でんし》レンジで　食《た》べものが　あたたまるの？

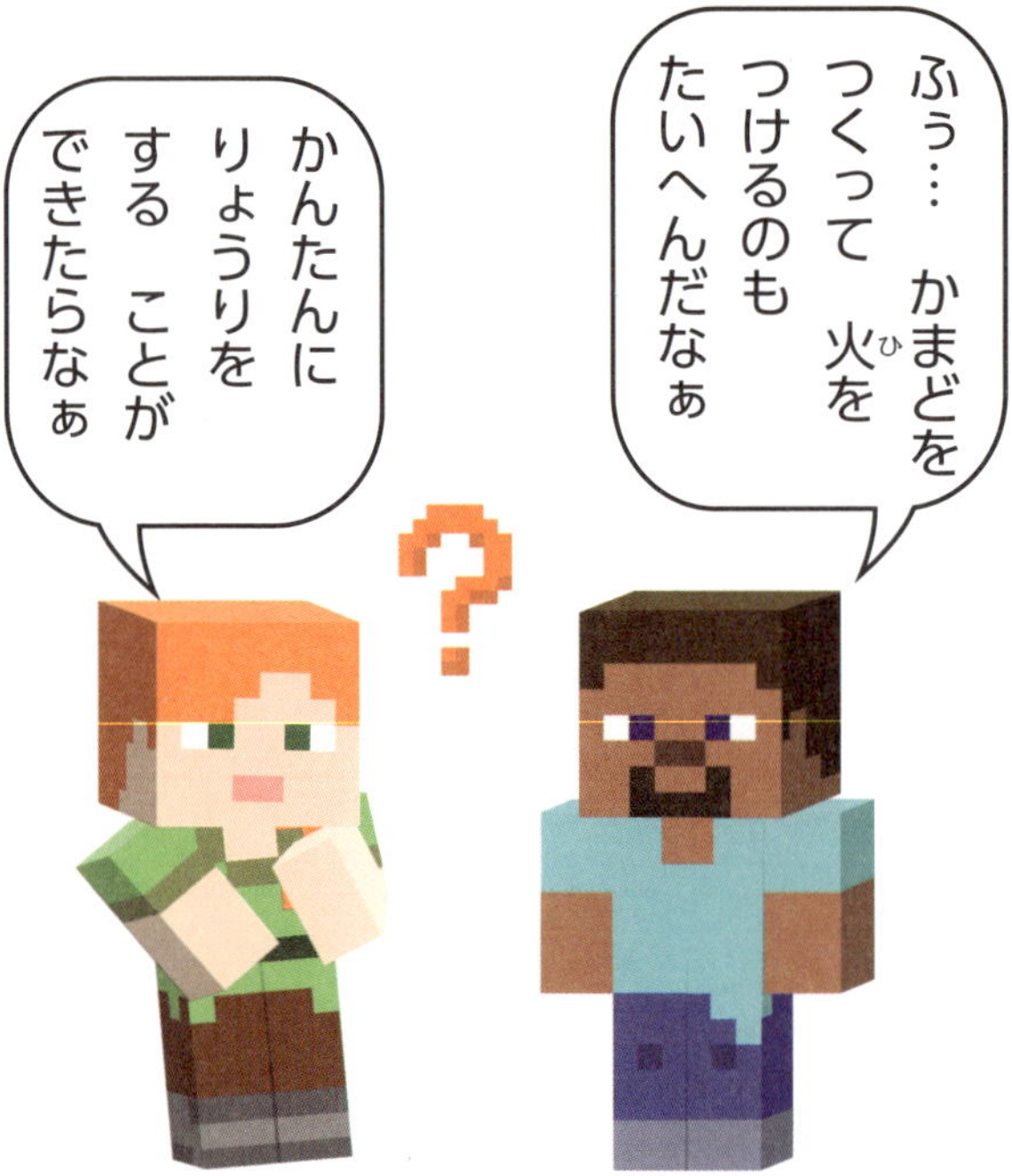
ふぅ…　かまどを　つくって　火《ひ》を　つけるのも　たいへんだなぁ
かんたんに　りょうりを　する　ことが　できたらなぁ

火《ひ》を　つかわないのに、なぜ　電子《でんし》レンジで　食《た》べものを　あたためる　ことが　できるのでしょうか？

電子《でんし》レンジで　食《た》べものが　あたたまるのは、「マイクロ波《は》」という　とくべつな　電波《でんぱ》を　つかって　いるからです。電波《でんぱ》とは、目《め》には　見《み》えませんが　エネルギーを　遠《とお》くまで　とどける　ものです。たとえば、テレビや　スマートフォンの　つうしんにも　電波《でんぱ》を　つかって　います。

食《た》べものの　中《なか》には　水分《すいぶん》が　ふくまれて　います。水《みず》は　とても　小《ちい》さな　つぶの　あつまりで　できて　います。

電子《でんし》レンジは、「マイクロ波《は》」が　食《た》べものの　中《なか》に　ある　水《みず》の　つぶを　ふるわせる　ことで、あたたかく　なるのです。水《みず》の　つぶが　たくさん　ふるえると、食《た》べものも　だんだんと　あたたかく　なります。たとえば、手《て》を　こすりあわせると　あたたかく　なるでしょう。それと　にた　しくみです。

水《みず》の　つぶが　うごけば　うごくほど、食《た》べものも　あつく　なるのです。

手《て》を　こすりあわせて
みよう！
あたたかく　なるよ

●電子《でんし》レンジの　しくみ

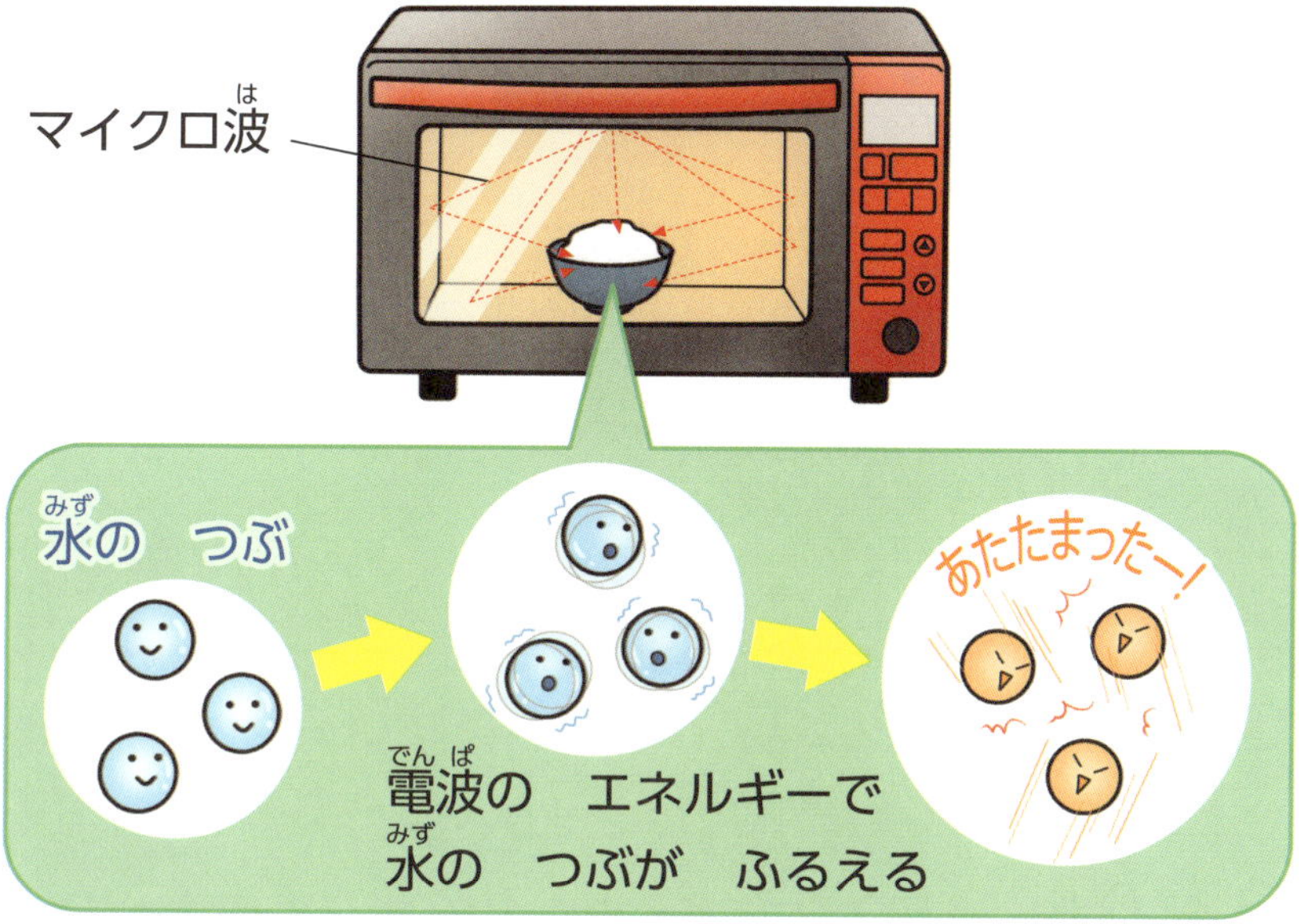
マイクロ波《は》
水《みず》の　つぶ
あたたまったー！
電波《でんぱ》の　エネルギーで
水《みず》の　つぶが　ふるえる

うちにも電子《でんし》レンジがほしいなぁ…！

ガラスは 何《なに》で できて いるの？

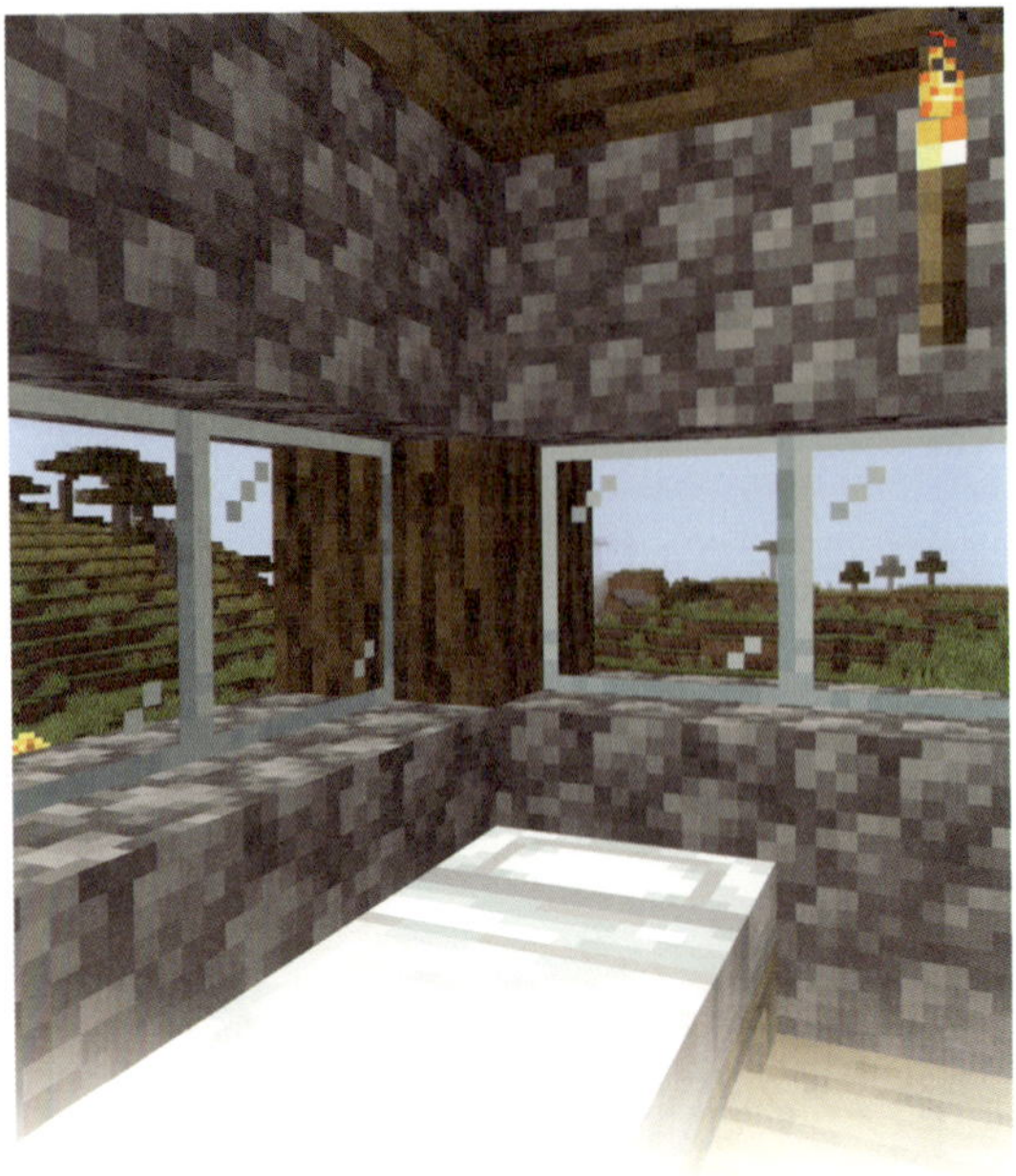

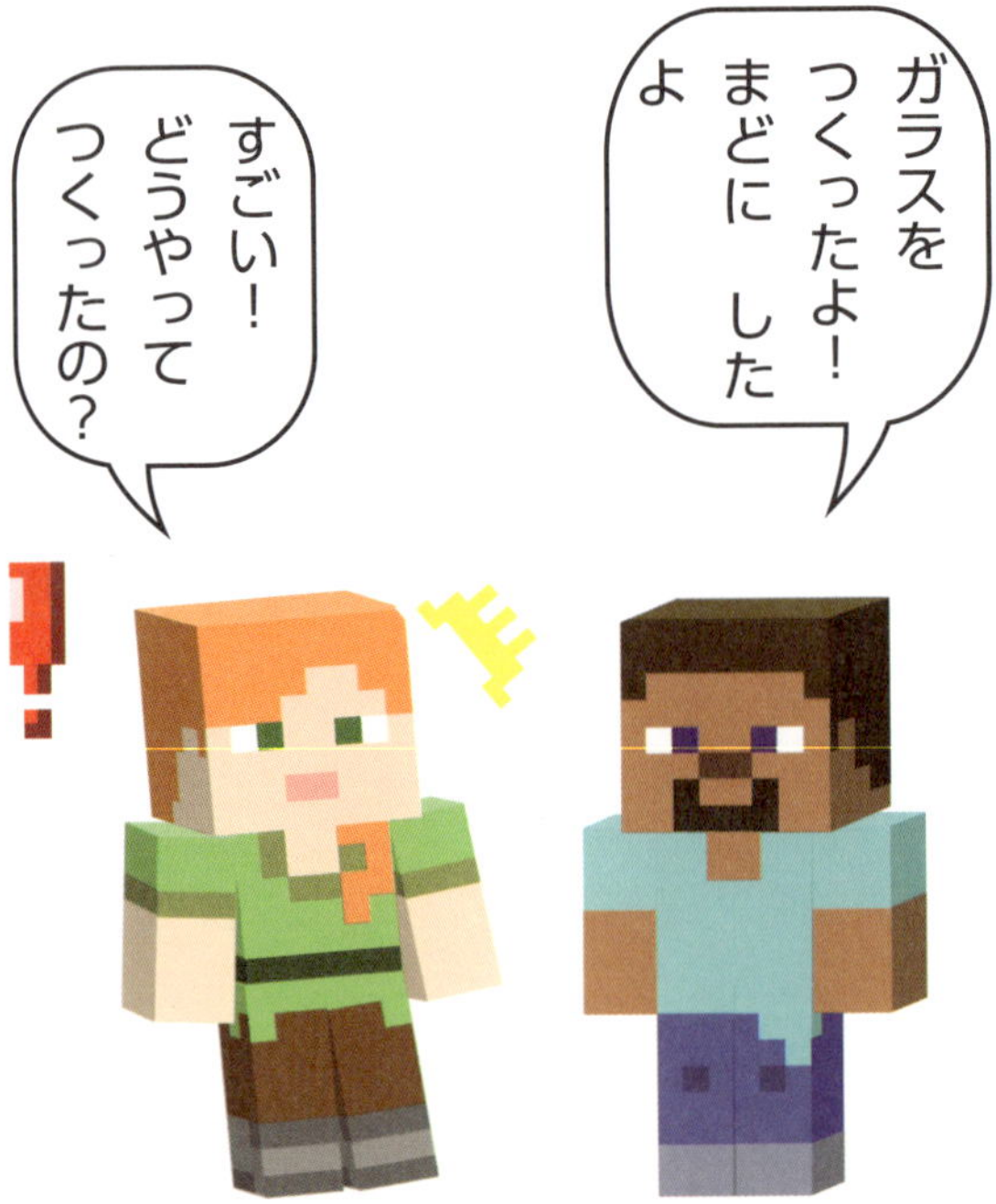
ガラスを つくったよ！ まどに した よ
すごい！ どうやって つくったの？

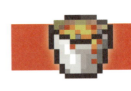

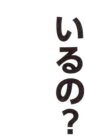

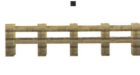

ガラスの　おもな　ざいりょうは、「ケイシャ」「ソーダはい」「せっかいせき」の　三《みっ》つです。これらを　まぜて、高《たか》い　おん度《ど》で　とかして　つくります。

ガラスの　もとに　なる「ケイシャ」「ソーダはい」「せっかいせき」は、わたしたちの　みぢかに　ある　ものです。

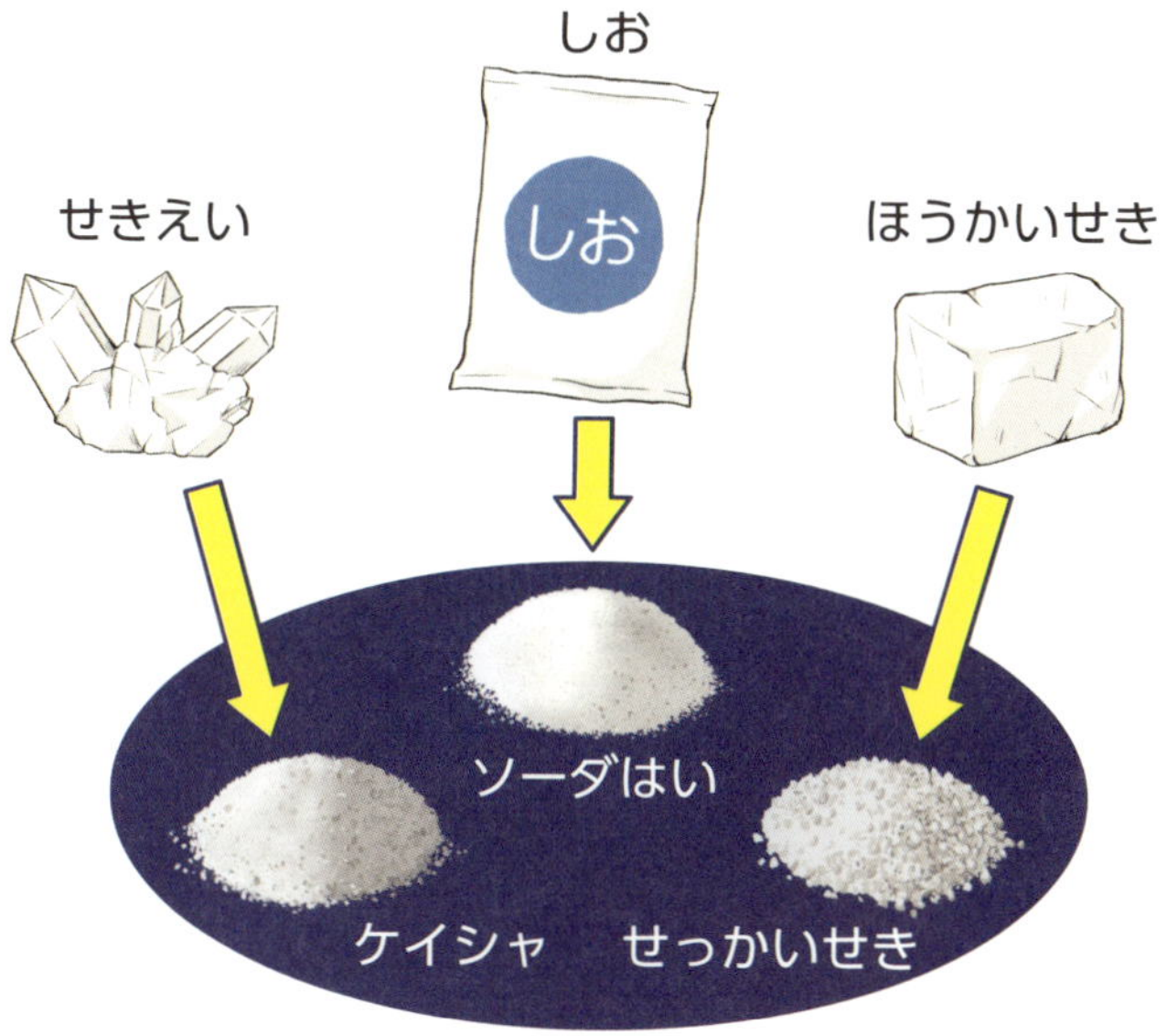

●ケイシャ

すな場《ば》で、すなの　つぶが　きらきら　光《ひか》って　いるのを見《み》た　ことが　ありますか？　この　つぶが　ケイシャです。じっさいには　せきえいという　石《いし》を　くだいて　つくります。

●ソーダはい

もともとは、草木《くさき》を　もやした　はいを　つかって　いました。今《いま》は　しおから　とり出《だ》して　つくって　います。

●せっかいせき

ほうかいせきを　ふくむ　せっかいがんという　岩《いわ》から　とり出《だ》します。せっかいがんは　チョークにも　つかわれて　います。

まどガラスや　テレビの　がめんを　作《つく》る　ときは、どろどろの　ガラスの　もとを、とけた「すず」と　いう　金《きん》ぞくの上《うえ》に　うかべます。すずの　上《うえ》で　ガラスが　ひらたく　広《ひろ》がり、ひえて　かたまるので、それを　ひっぱりながら　のばして、うすくて　まっすぐな　ガラスに　します。

●いたガラスを　つくる　方《ほう》ほう

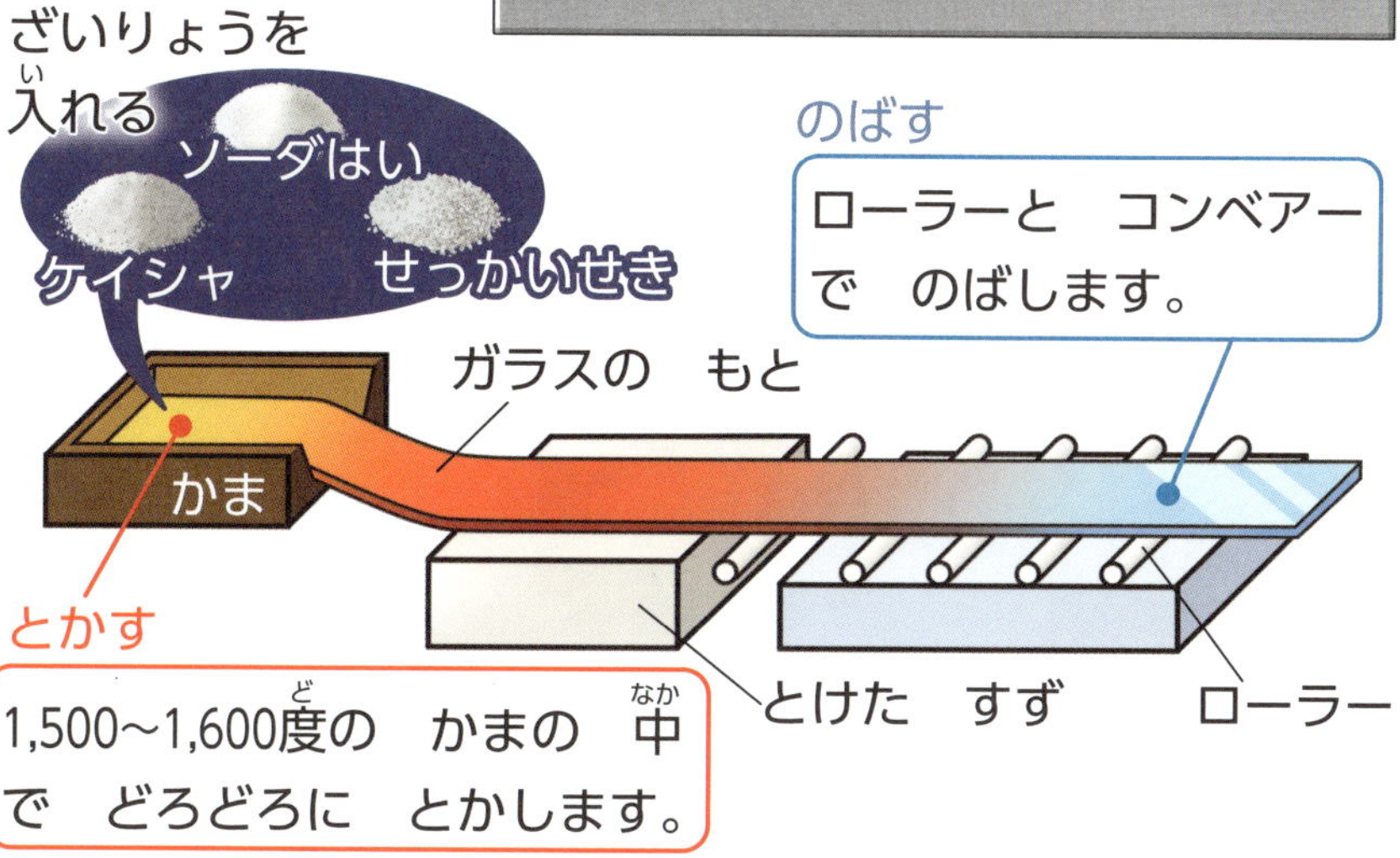
ざいりょうを
入《い》れる
ソーダはい
ケイシャ
せっかいせき
かま
とかす
1,500～1,600度《ど》の　かまの　中《なか》
で　どろどろに　とかします。
ガラスの　もと
のばす
ローラーと　コンベアー
で　のばします。
とけた　すず
ローラー

どうして　あくびが　出《で》るの？

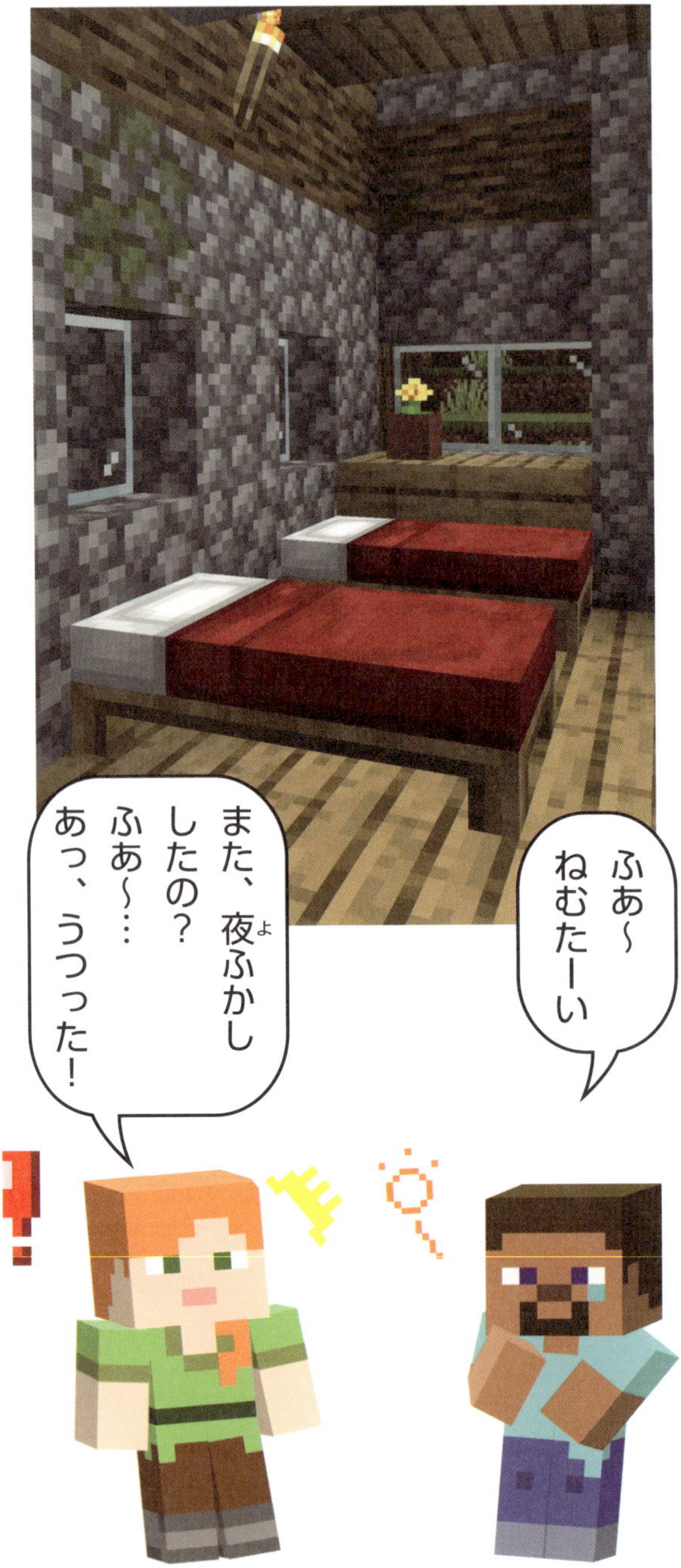
ふあ～　ねむたーい
また、夜《よ》ふかし　したの？　ふあ～…　あっ、うつった！

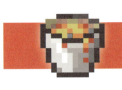

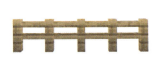

あくびが　出《で》るのには、いくつか　りゆうが　考《かんが》えられて　います。その　ひとつに、体《からだ》が「もっと　元気《げんき》に　なりたい！」と　知《し》らせて　いる　サインでは　ないかと　いうのが　あります。

ねむい　ときや　つかれた　とき、頭《あたま》が　ぼおっと　するでしょう。それは、頭《あたま》の　はたらきが　ゆっくりに　なって　いるからです。その　とき　体《からだ》は、「もっと　空気《くうき》を　体《からだ》に　とりこんで　頭《あたま》を　元気《げんき》に　しよう！」と　思《おも》って、ふかく　いきを　すいます。それが　あくびです。

いきを　すいこむと、空気《くうき》が　口《くち》や　体《からだ》の　中《なか》の　おん度《ど》を

少《すこ》し　下《さ》げます。これで　頭《あたま》が　すっきりします。走《はし》ったり　うごいたり　すると、体《からだ》が　あつくなりますね。そのとき　うちわで　あおぐと　すずしく　なるでしょう。あくびは、うちわで　頭《あたま》の　中《なか》を　あおぐような　はたらきを　して　いるのです。

あくびは、つかれた　頭《あたま》を　元気《げんき》にする　ための　だいじな　はたらきだと　考《かんが》えられています。

あくびが　たくさん　出《で》る　ときは、つかれて　いる　しるし
早《はや》めに　休《やす》む　ことが　大切《たいせつ》だね！

あくびは　うつる？

だれかが　あくびを　して　いるのを　見《み》ると、自分《じぶん》も　あくびを　したくなる　ことが　ありますね。これは、「あくびが　うつる」と　いわれる　ものです。どうして　あくびが　うつるのか　はっきりとは　分《わ》かっていませんが、人間《にんげん》の　頭《あたま》が　なかまの　気《き》もちや　行《こう》どうを　かんじとる　はたらきを　するからだと　考《かんが》えられて　います。

どうぶつも　あくびを　する

太《たい》ようの　光《ひかり》を　あびると　どうして　日《ひ》やけするの？

アレックス、まっ赤《か》！
はたけを　たがやして　いたら　こうなったんだ…　なんでだろう？

日《ひ》やけを　すると、　はだが　赤《あか》くなる　人《ひと》と　黒《くろ》くなる　人《ひと》が　いるのはなぜでしょうか。

はだが　赤《あか》くなるのは、ひふが　やけどを　して　いるからです。黒《くろ》くなるのは、体《からだ》が　黒《くろ》い　つぶを　作《つく》って、ひふを　まもって　いるからです。

はだの　中《なか》には、太《たい》ようの　光《ひかり》を　ふせいで　サングラスのような　はたらきを　する、黒《くろ》い　色《いろ》の　つぶ（メラニン）

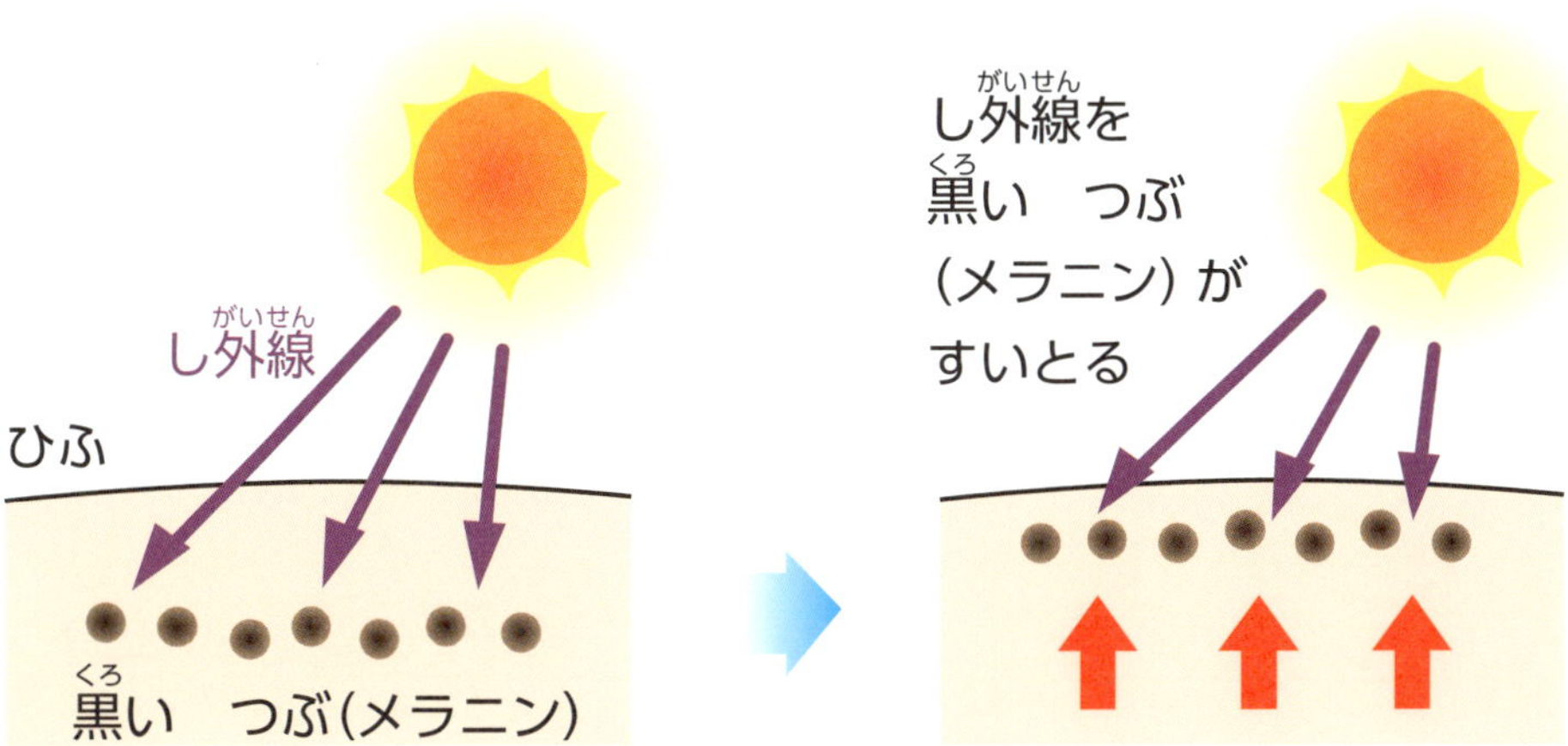

が　あります。太《たい》ようの　光《ひかり》を　たくさん　あびると、この
つぶが　ふえて、はだが　黒《くろ》くなります。
太《たい》ようの　光《ひかり》には　体《からだ》に　いい　ものと、よくない　ものが
ふくまれて　います。し外線《がいせん》と　いう　光《ひかり》は、体《からだ》に　よくない
ことが　あり、黒《くろ》い　つぶが　し外線《がいせん》を　すいこんで　体《からだ》を
まもってくれます。
黒《くろ》い　つぶが　つくられにくい　人《ひと》は、赤《あか》く　日《ひ》やけを　し
ます。はだが　やけどを　して　いる　じょうたいなので、ぼ
うしを　かぶるなどして　はだを　まもる　ことが　大切《たいせつ》です。

あついと　なぜ　あせが　出《で》るの？

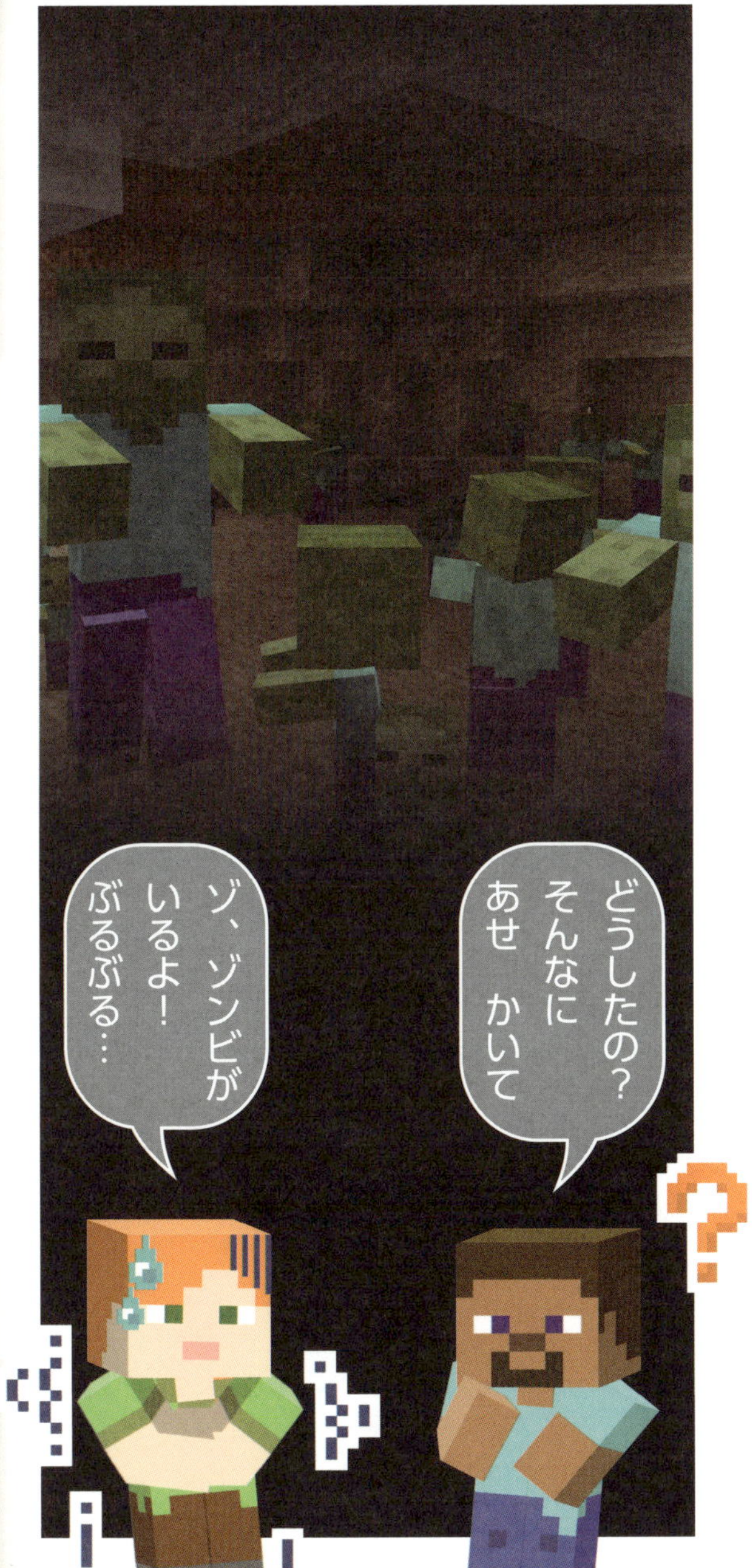
どうしたの？　そんなに　あせ　かいて
ゾ、ゾンビが　いるよ！　ぶるぶる…

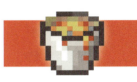

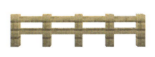

あついと　あせが　出《で》るのは、体《からだ》を　ひやす　ためです。人間《にんげん》の　体《からだ》は、あつくなりすぎると　うごけなくなって　しまうので、ちょうど　よい　おん度《ど》に　する　ために　あせを　出《だ》す　しくみが　あります。

どうして、あせを　かくと、体《からだ》の　おん度《ど》が　下《さ》がるのでしょうか？　それは、あせが　かわく　ときに、体《からだ》の　ねつを　うばって　いくからです。

たとえば、ちゅうしゃを　する　前《まえ》に　ア

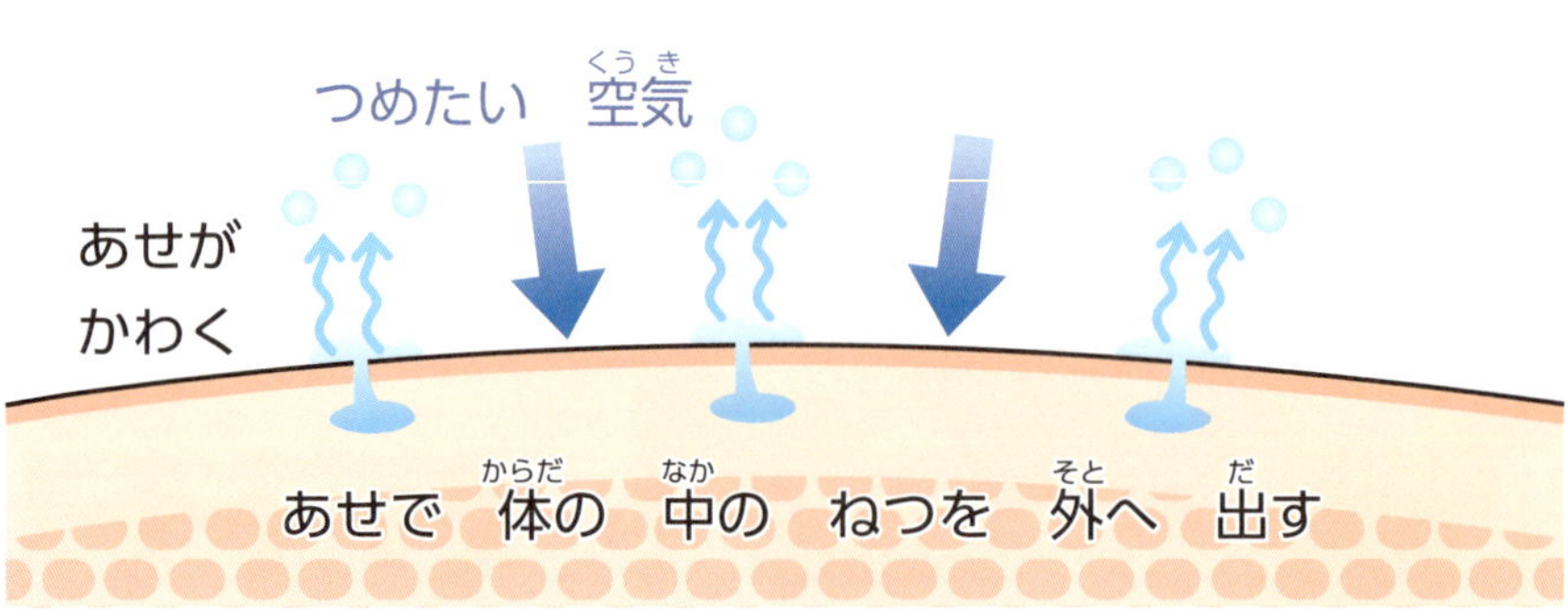

つめたい　空気《くうき》
あせが
かわく
あせで　体《からだ》の　中《なか》の　ねつを　外《そと》へ　出《だ》す

ルコールで　はだを　ふかれると、ひやっと　しますね。これは、アルコールが　かわく　ときに　はだの　ねつを　うばって　いるからです。また、プールから　上《あ》がった　とき、ひやっと　するのも、同《おな》じです。これも、水《みず》が　かわく　ときに　体《からだ》の　ねつを　うばって、ひんやり　かんじるのです。

　このように、あせは　体《からだ》を　まもる　ための　大切《たいせつ》な　しくみです。

ぎゃー！！
クリーパーまで！
ゾンビ
クリーパー

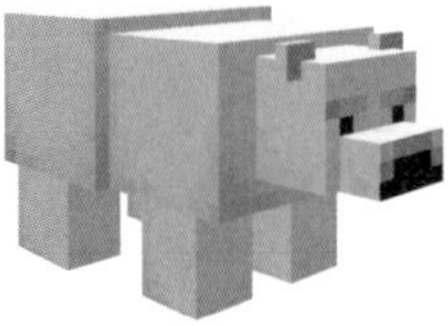

なぜ？が分かる　マインクラフトで読む かがくのふしぎ

2025年3月5日　初版発行

監修	篠原菊紀
編集協力	株式会社エディット
デザイン・DTP	CROCO-STUDIO
イラスト	ささむらもえる　東裏栄美

発行者	山下直久
発行	株式会社 KADOKAWA 〒102-8177　東京都千代田区富士見 2-13-3 0570-002-301（ナビダイヤル）

印刷・製本	大日本印刷株式会社

※この本の内容は、執筆時点の情報をもとに制作しており、
発売後予告なく内容が変更になる可能性があります。
※ Minecraft 公式製品ではありません。
Mojang から承認されておらず、Mojang とは関係ありません。
※ NOT OFFICIAL MINECRAFT PRODUCT.
NOT APPROVED BY OR ASSOCIATED WITH MOJANG
ISBN978-4-04-916241-7　C8076
Printed in Japan

●お問い合わせ
https://www.kadokawa.co.jp/（「お問い合わせ」へお進みください）
※内容によっては、お答えできない場合があります。
※サポートは日本国内のみとさせていただきます。
※ Japanese text only